ध्यान और प्रेम

ओशो द्वारा दिए गए 16 अमृत-प्रवचनों की
प्रश्नोत्तर शृंखला 'नहिं राम बिन ठांव' में से संकलित
छह (6 से 11) प्रवचन

ध्यान और प्रेम

प्रेम बिलकुल अनूठी बात है, उसका बुद्धि से कोई संबंध नहीं। प्रेम का विचार से कोई संबंध नहीं। जैसा ध्यान निर्विचार है, वैसा ही प्रेम निर्विचार है। और जैसे ध्यान बुद्धि से नहीं सम्हाला जा सकता, वैसे ही प्रेम भी बुद्धि से नहीं सम्हाला जा सकता।

ध्यान और प्रेम करीब-करीब एक ही अनुभव के दो नाम हैं।

जब किसी दूसरे व्यक्ति के संपर्क में ध्यान घटता है, तो हम उसे प्रेम कहते हैं। और जब बिना किसी दूसरे व्यक्ति के, अकेले ही प्रेम घट जाता है, तो उसे हम ध्यान कहते हैं। ध्यान और प्रेम एक ही सिक्के के दो पहलू हैं। ध्यान और प्रेम एक ही दरवाजे का नाम है, दो अलग-अलग स्थानों से देखा गया। अगर बाहर से देखोगे, तो दरवाजा प्रेम है। अगर भीतर से देखोगे, तो दरवाजा ध्यान है। जैसे एक ही दरवाजे पर बाहर से लिखा होता है एंट्रेन्स, प्रवेश; और भीतर से लिखा होता है एग्जिट, बहिर्गमन। वह दरवाजा दोनों काम करता है। अगर बाहर से उस दरवाजे पर आप पहुंचे, तो लिखा है प्रेम। अगर भीतर से उस दरवाजे को अनुभव किया, तो लिखा है ध्यान।

ध्यान अकेले में ही प्रेम से भर जाने का नाम है और प्रेम दूसरे के साथ ध्यान में उतर जाने की कला है।

ओशो

ध्यान और प्रेम

'नहिं राम बिन ठांव' से संकलित

ओशो

डायमंड पाकेट बुक्स

संकलन : मा अमृत साधना, मा प्रेम कल्पना
संपादन : स्वामी चैतन्य कीर्ति, स्वामी आनंद सत्यार्थी
संयोजन : स्वामी अमानो मनीष

फोटोटाइपसेटिंग : ताओ पब्लिशिंग प्रा. लि., 50 कोरेगांव पार्क, पुणे

प्रकाशक : डायमंड पाकेट बुक्स प्रा.लि.,
X-30, ओखला इंडस्ट्रियल एरिया, फेज-2,
नई दिल्ली - 110020,
फोन : 51611861-865, 26386289,
फैक्स : 51611866
ई.मेल : mverma@nde.vsnl.net.in,
वेबसाइट : www.diamondpocketbooks.com

These discourses are complied from originally published title
'Nahin Ram Bin Thaon' (in Hindi) under the author name
'Bhagwan Shree Rajneesh'.

संस्करण : 2003

अनुक्रम

1

राम : शून्यता की खोज

प्रेम से कभी ऊब पैदा नहीं होती, काम से ऊब पैदा होती है।
क्योंकि प्रेम है हृदय का और काम है इंद्रियों का।

प्रश्नः
अलग-अलग धर्मों ने अलग-अलग महामंत्र पाए हैं,
जैसे ॐ नमो शिवाय, नमो अरिहंताणं, अल्लाहो अकबर, ॐ मणि पद्मे हुम्।
तो ऐसे महामंत्र कौन सी अवस्था में उतरे हैं
और इनका भीतर के कौन-कौन से केंद्रों से कैसा संबंध है?
और साधक इनमें से अपने लिए योग्य महामंत्र कैसे चुने?

साधक दो प्रकार की यात्राएं कर सकता है। एक यात्रा है शक्ति की और दूसरी यात्रा है शांति की। शक्ति की यात्रा सत्य की यात्रा नहीं है, शक्ति की यात्रा तो अहंकार की ही यात्रा है। फिर शक्ति धन से मिलती हो, पद से मिलती हो या मंत्र से। तुम शक्ति चाहते हो, तो सत्य नहीं चाहते हो। तुम्हारे द्वारा अर्जित की गई शक्ति शरीर की हो, मन की हो, या तथाकथित अध्यात्म की हो, तुम्हें मजबूत करेगी। तुम जितने मजबूत हो, परमात्मा से उतने ही दूर हो। तुम्हारी शक्ति परमात्मा के समक्ष तुम्हारे अहंकार की घोषणा है। तुम्हारी शक्ति ही तुम्हारे लिए बाधा बनेगी। तुम्हारी शक्ति ही, वास्तविक अर्थों में, परमात्मा के समक्ष तुम्हारी निर्बलता है। तो जितने तुम शक्तिशाली बनोगे अपनी आंखों में, उतने ही परमात्मा के द्वार पर निर्बल होते जाओगे। इसलिए शक्ति की खोज वास्तविक साधक की खोज नहीं।

लेकिन साधक उस दिशा में जाता है। क्योंकि हम जो संसार में खोजते हैं, वही हम परमात्मा में भी खोजते हैं। जो हमें यहां नहीं मिला, उसे ही हम वहां पा लेना चाहते हैं। तो हमारे संसार और हमारे मोक्ष में एक सातत्य है, एक कंटिन्युटी है। बाजार में खोजा जिसे, वह नहीं मिला, उसे हम मंदिर में खोजते हैं। लेकिन खोज वही है। धन में जिसे खोजा, नहीं पाया, उसे हम धर्म में खोजते हैं। लेकिन खोज वही है। खोज करने वाला जरा भी बदला नहीं है। एक जगह असफल हुए, तो दूसरी जगह सफलता की आकांक्षा जमा लेते हैं।

लेकिन तुम शक्तिशाली होना क्यों चाहते हो? तुम होना चाहते हो, यही तुम्हारा दुख है। तुम मिटोगे तो आनंद घटेगा, तुम्हारी अनुपस्थिति में वर्षा होगी अमृत की, तुम्हारे रहते यह होने वाला नहीं है।

मंत्र शक्तिदायी है। तो मंत्र से शक्ति मिलती है, निश्चित मिलती है।

इसे समझ लें। मंत्र करता क्या है?

मंत्र मन को एकाग्र करता है। तुम्हारी सारी बिखरी हुई मन की किरणें इकट्ठी हो जाती हैं। फिर वह मंत्र कोई भी हो—राम का नाम हो, नमोकार हो, ॐ मणि पद्मे हुम् हो, अल्लाहो अकबर हो—इससे कोई फर्क नहीं पड़ता है। तुम अपना खुद का मंत्र भी बना ले सकते हो। मंत्र में आए शब्दों का भी कोई अर्थ नहीं है। मंत्र का प्रयोजन न शब्दों से है, न अर्थ से। मंत्र का प्रयोजन मन को एकाग्र करने से है। इसलिए कुछ भी अनर्गल, अर्थहीन शब्द भी मंत्र का काम दे देंगे।

जब तुम मंत्र की रटन करते हो, तब तुम्हारे सारे विचारों की शक्ति विचारों से हटकर मंत्र में प्रवाहित होने लगती है। चित्त में मंत्र ही रह जाता है। और भीतर तुम्हारे जितने ऊर्जा के द्वार हैं, उनके बहाव की और कोई दिशा नहीं बचती। जब तुम विचार करते हो, तो तुम्हारी शक्ति अनंत-अनंत धाराओं में बह रही है। एक विचार पश्चिम जा रहा है, एक पूरब जा रहा है, एक दक्षिण जा रहा है, एक उत्तर जा रहा है। तुम बहुत तरफ बह रहे हो, जब तुम विचार कर रहे हो। इकट्ठे नहीं हो, बंटे हो, विभाजित हो। जब तुम मंत्र का जाप कर रहे हो, तब सारी ऊर्जा एक दिशा में प्रवाहित होने लगती है।

जैसे हम सूरज की किरणों को एक कांच के लेंस से इकट्ठा कर लें, तो आग पैदा हो जाती है। सूरज की किरणों में आग तो छिपी है, लेकिन पृथक-पृथक ज्यादा से ज्यादा गर्मी पैदा होगी। इकट्ठी हो जाएं, तो आग पैदा हो जाती है। ऐसे ही तुम्हारे मन में भी बड़ी आग छिपी है, अलग-अलग सिर्फ उष्णता रहती है। मंत्र उन्हें इकट्ठा करने का उपाय है। इकट्ठे होते से ही बड़ी गर्मी, बड़ी ऊर्जा पैदा होती है।

और अगर तुम सतत मंत्र का प्रयोग करते रहो, तो तुम्हारे जीवन में अनेक शक्ति की घटनाएं घटनी शुरू हो जाएंगी, जो तुम्हारे अहंकार को बड़ा रस देंगी। तुम जो कहोगे, वह सच होने लगेगा; तुम जो बोल दोगे, वैसा हो जाएगा; तुम अभिशाप दे दोगे, तो फलित हो जाएगा; तुम वरदान दे दोगे, तो पूरा हो जाएगा। क्योंकि तुम्हारी ऊर्जा इतनी इकट्ठी हो गई है कि तुम्हारे शब्द अब सार्थक होने लगेंगे।

उनकी सार्थकता का कारण यही है कि जब कोई व्यक्ति इकट्ठी ऊर्जा से कुछ कहता है, तो वह दूसरे के अचेतन तक प्रवेश कर जाता है, उसका तीर सीधा दूसरे के हृदय में चला जाता है। और दूसरे के हृदय में कोई भी बात पहुंच जाए, तो उसके परिणाम शुरू हो जाते हैं।

अगर तुमने किसी व्यक्ति को कह दिया कि कल सुबह तुम बीमार पड़ जाओगे, अगर इस कहते क्षण में, यह तुमने जो कहा है, मंत्र की तरह तुम्हारे भीतर रहा हो, और कुछ भी नहीं, कोई दूसरा विचार विघ्न-बाधा डालने को नहीं, बस यही तुम्हारा नमोकार मंत्र रहा हो कि कल सुबह तुम बीमार पड़ जाओगे और तुम्हारा पूरा चित्त इसमें प्रवाहित हुआ हो, तत्क्षण तुमने दूसरे के हृदय को घाव से भर दिया।

अब यह आदमी रातभर सो न सकेगा। इसने तुम्हारी आंखें देखीं, तुम्हारा वक्तव्य सुना, तुम्हारा ढंग देखा और इसके मन पर यह गहरी छाप पड़ गई कि तुमने जो कहा है, उससे बचना मुश्किल है। इसका मन भी अब इसी मंत्र के आस-पास घूमेगा। यह रात सपने में भी तुम्हें देखेगा, रात सपने में भी इसे यही वचन सुनाई पड़ेगा। यह कई बार मन में कहेगा, इससे कुछ होने वाला नहीं, डरो मत, भय मत करो। लेकिन भीतर से कोई इसे फिर भी भयभीत किए जाएगा। चाहे यह कहे कि डरो मत, चाहे यह डरे, दोनों हालत में यह मंत्र को दोहरा रहा है—तुम्हारे मंत्र को। सुबह होते-होते यह बीमार पड़ जाएगा।

यह बीमारी तुमने पैदा की आधी, आधी इसने पैदा की। और ठीक ऐसा ही तुम जीवन के बहुत अगों में कर सकते हो। और एक बार तुम्हारा वचन सार्थक होने लगे, तो तुम्हारा आत्मविश्वास बढ़ेगा, तुम और बलशाली होने लगोगे। जितना तुम्हारे वचन सही होंगे, उतना ही तुम्हें लगेगा कि मैं कुछ दिव्य शक्ति, कोई सिद्धि से भरा हुआ हूं। यह भरोसा तुम्हारे मंत्र को मजबूत करेगा। हर मंत्र तुम्हारे भरोसे को मजबूत करेगा। तुम धीरे-धीरे अनेक शक्तियों का अनुभव करने लगोगे।

यह जो शक्तियों का अनुभव है, इन्हें योग ने सिद्धियां कहा है। ये सिद्धियां परमात्मा के मार्ग पर सबसे बड़ी बाधाएं हैं। पतंजलि ने योग-सूत्रों में इनका उल्लेख किया है, ताकि तुम इनसे सावधान रहो। इनकी तरफ जाना नहीं। जा चुके हो, तो वापस लौट आना है। जितना जल्दी लौट आओ, उतना अच्छा है। क्योंकि जितना समय इसमें खोया, वह बिलकुल व्यर्थ ही जाता है। और हर बार जितने आगे तुम इन दिशाओं में जाते हो, उतना लौटना मुश्किल होने लगता है।

अगर कोई मुझसे पूछे, तो मैं कहूंगा, संसार शक्ति की खोज है, सिद्धि की खोज है। परमात्मा शांति की, शून्यता की खोज है। वहां तुम मिटते हो, वहां तुम धीरे-धीरे लीन होते हो। सिद्धि की खोज में आखिर में तुम बचोगे, परमात्मा बिलकुल नहीं। शांति की खोज में तुम न बचोगे, अंत में सिर्फ परमात्मा बचेगा। और इन दो में से एक का मिटना जरूरी है। ये दोनों साथ-साथ नहीं हो सकते। परमात्मा और तुम साथ-साथ नहीं हो सकते, तुम्हारा को-एक्झिस्टेंस, तुम्हारा सह-अस्तित्व असंभव है। जब तक तुम हो, तब तक परमात्मा नहीं; जब परमात्मा है, तब तुम नहीं।

तो सिद्धि और शक्ति तो तुम्हें मजबूत करेगी। इसलिए मंत्रों के साधक परम अहंकार से भरे हुए दिखाई पड़ते हैं। धनी का अहंकार उनके सामने कुछ भी नहीं, पद पर बैठे राजनीतिक का अहंकार उनके सामने कुछ भी नहीं। उनका अहंकार बड़ा सूक्ष्म और भीतरी है।

और उसका कारण भी है। क्योंकि धन छीना जा सकता है, चोरी जा सकता है, धन का मूल्य ही क्या है? पद आज है, कल न हो, राजनीति का भरोसा कितना? लेकिन मंत्र का भरोसा ज्यादा प्रबल है। चोर छीन नहीं सकते, जनता का लोकमत बदल नहीं सकता। और मंत्र तुम्हारे मन पर ही निर्भर है, किसी और पर नहीं। इसलिए तुम ज्यादा सबल, आत्मनिर्भर, अपने पैरों पर खड़े मालूम पड़ते हो।

साधक अगर सिद्धि की दिशा में चला जाए, तो भटक गया। रस बहुत आएगा, क्योंकि अहंकार को रस आता ही इस तरह की चीजों से है। अगर एक चींटी इस तरफ आ रही है

और तुम सिर्फ अपने मनोबल से उसका रास्ता बदल दो, हालांकि इस कृत्य में कोई सार नहीं है, पर फिर भी तुम्हें रस आएगा।

रूस में एक महिला है, जिस पर बड़े वैज्ञानिक प्रयोग किए जा रहे हैं। वह किसी भी वस्तु को अपने मन से चालित कर देती है। टेबिल रखी है, छह फीट दूर वह खड़ी हो जाए, पंद्रह मिनिट मन को एकाग्र करे, तो वह टेबिल को हिलाना शुरू कर देती है। टेबिल उसकी तरफ सरक सकती है, दूर जा सकती है। और सब तरह की जांच-पड़ताल, वैज्ञानिक व्यवस्था से सब समझा गया है, कोई धोखाधड़ी नहीं है।

उस महिला को मिलता क्या है? दो पौंड वजन खो जाता है पंद्रह मिनिट के प्रयोग में। और एक सप्ताह के लिए वह निर्बल हो जाती है। एक सप्ताह बिस्तर से नहीं उठ सकती। दो पौंड वजन शरीर से तत्क्षण कम हो जाता है। क्योंकि जब तुम मन को एकाग्र करके अपनी शक्ति को बाहर फेंकते हो, तब तुम्हारे शरीर की ऊर्जा भी उसमें क्षीण होती है।

लेकिन फिर भी वह महिला बड़ा आनंद ले रही है। उसका सारा जीवन अस्तव्यस्त हो गया है इस उपद्रव में। परिवार डांवाडोल हो गया, बच्चे की चिंता करनी मुश्किल, पति की फिक्र करनी मुश्किल। घर तो अस्तव्यस्त हो गया है। और यह एक खेल बन गया है। लेकिन अहंकार को बड़ी तृप्ति मिल रही है। अखबारों में फोटो छप गए हैं, वैज्ञानिक अध्ययन करने आ रहे हैं, और कोई चमत्कार घटित हो रहा है।

लेकिन चमत्कार का अर्थ क्या है? इससे हल भी क्या है? टेबिल तुम हाथ से हटा सकते थे, जिसमें कि रत्तीभर ताकत लगती है। उसे तुमने मन से हटाया और दो पौंड शरीर की ऊर्जा क्षीण की और सात दिन तक अस्वस्थ रहे!

रामकृष्ण के पास किसी ने आकर एक दिन कहा कि लोग कहते हैं, आप परमहंस हो, लेकिन कोई ऐसी सिद्धि तो दिखाई नहीं पड़ती। मेरे गुरु हैं, वे पानी पर चलते हैं। रामकृष्ण कहने लगे, मैं दो पैसा देकर नदी पार हो जाता हूं। तो जो काम दो पैसा देने से हो जाता हो, तुम्हारे गुरु ने कितने वर्षों में यह कला सीखी? शिष्य ने कहा, कम से कम बीस वर्ष उनको मंत्र की साधना में लगे। तो रामकृष्ण ने कहा कि बड़ी मूढ़ता है कि जो काम दो पैसे में होता हो, उसे बीस वर्ष का जीवन नष्ट करके किया! आखिर पानी ही पार होते हैं, तो पानी पार होने में ऐसी बात क्या है? नाव हो, दो पैसे लेती है, न हो तो आदमी तैरकर पार हो जाए।

पर नदी पर चलकर जो आदमी पार होता है, वह बीस वर्ष मेहनत कर सकता है। आप भी कर सकते हैं। नदी पार होना प्रयोजन ही नहीं है। वह पैर से पार होना, पानी पर खड़े होकर पार होना, उससे आपका अहंकार खड़ा हो रहा है। नाव में बैठकर अहंकार खड़ा नहीं हो सकता, तैरने से अहंकार खड़ा नहीं हो सकता। दो पैसे तो खर्च होते हैं। नदी ही पार होती है। यह जो आदमी चलकर नदी पार कर रहा है, पानी की सतह पर चलकर, इसका नदी पार करना तो प्रयोजन ही नहीं है, यह अहंकार को मजबूत कर रहा है।

मंत्र शक्ति के स्रोत हैं। और सभी धर्मों ने मंत्र खोज लिए हैं, क्योंकि सभी धर्म शांति की तलाश से शक्ति की तलाश में पतित हो जाते हैं। महावीर तो शांति खोजते हैं, लेकिन जैन को शांति से क्या लेना-देना? बुद्ध तो शून्यता खोजते हैं, अपने को मिटाते हैं, लेकिन बौद्धों को अपने को मिटाना नहीं, बनाना है, बचाना है, सुरक्षित करना है। जिन व्यक्तियों के

आसपास धर्म का जन्म होता है, वे तो शून्य हो गए होते हैं। लेकिन जो लोग आसपास इकट्ठे होते हैं, वे शून्य होने के लिए इकट्ठे नहीं होते। उनका रस कुछ और है, विपरीत है। इसलिए धर्म जिनसे जन्म पाता है और जिनके हाथों में पड़ता है, वे हमेशा शत्रु हैं। उन दोनों की आकांक्षाएं बिलकुल भिन्न हैं। इसलिए सभी धर्म पतित हो जाते हैं।

शक्ति की खोज धर्म को संसार का हिस्सा बना देती है। जैन हो, हिंदू हो, बौद्ध हो, इस्लाम हो, कोई भी हो, इससे फर्क नहीं पड़ता। तुम्हें बड़ा रस आता है चमत्कार में। और जब तक तुम्हें चमत्कार में रस आता है, तब तक तुम जानना कि अभी तुम्हारी धर्म की जिज्ञासा पैदा नहीं हुई। कोई साधु, कोई संन्यासी, कोई बाबा अगर हाथ से राख ही पैदा कर दे, तो भी तुम आंदोलित हो जाते हो।

राख का करोगे भी क्या? राख ऐसे ही सड़कों पर ढेर लगी पड़ी है। राख तो तुम घर में ही आग जलाकर पैदा कर लेते, दो पैसे भी खर्च नहीं होते। लेकिन किसी आदमी ने हाथ से पैदा कर दी, तो तुम बहुत आंदोलित हो, तो तुम बड़े प्रसन्न हो, तो तुम इस आदमी के पीछे चल रहे हो, तो तुम पागल हो।

क्या होगा रस, इसको समझना जरूरी है। यह तो तुम भी समझते हो कि राख पैदा करने से क्या होने वाला है? लेकिन तुम कुछ और देख रहे हो इस राख में। तुम्हें यह आशा बंधी है कि जो आदमी हाथ से राख पैदा कर सकता है, वह हीरे क्यों नहीं पैदा कर सकता? उसने राख पैदा करके तुम्हारी वासना को प्रज्वलित कर दिया है। और जो आदमी राख पैदा कर सकता है, वह तुम्हारी बीमारी दूर क्यों नहीं कर सकता? जो आदमी राख पैदा कर सकता है, वह तुम्हें चुनाव में जिता क्यों नहीं सकता?

इसलिए दिल्ली में हर राजनीतिज्ञ का गुरु है। कोई महात्मा, कोई बाबा, जो राख पैदा कर रहा है, जो ताबीज दे रहा है। चाहे राष्ट्रपति हों, चाहे प्रधानमंत्री हों, बाबा पर निर्भर रहना पड़ता है। जिनकी भी वासना है, वे चमत्कार पर निर्भर रहेंगे। मुल्क में करोड़पति हैं, लेकिन हर करोड़पति किसी न किसी बाबा के चरणों में सिर रखता है। करोड़ भला हों उसके पास, लेकिन अभी अरबों की आकांक्षा है।

तुम चमत्कार को नमस्कार करते हो, क्योंकि तुम्हारी वासना है, कुछ तुम पाना चाहते हो। चमत्कारी से भरोसा मिलता है, कि कुछ आशा बंधती है, इससे कुछ होगा। बीमारी है, नौकरी नहीं, व्यवसाय ठीक नहीं चलता है, अदालत में मुकदमा है, हजार उपद्रव हैं आदमी के पास, मुश्किलें हैं, कठिनाइयां हैं, आदमी दुखी है। राख हाथ से गिरती देखकर उसे आशा बंधती है कि अगर बाबा प्रसन्न हों, तो मेरे दुख भी विसर्जित हो सकते हैं। और जैसे राख पैदा हो रही है, ऐसे ही सुख की भी वर्षा हो सकती है।

आज तक किसी दूसरे की कृपा से सुख की कोई वर्षा नहीं हुई। आज तक कभी किसी दूसरे के द्वारा आनंद का कोई जन्म नहीं हुआ। सदियों का इतिहास इस बात का सबूत है कि तुम्हारे अतिरिक्त तुम्हें कोई भी आनंद न दे सकेगा। लेकिन मन की भ्रांतियां हैं। मन सस्ते और सरल रास्ते खोजता है।

यह चमत्कार है कि तुम मेरे पास सुनने आए हो। मैं इसे चमत्कार कहता हूं। क्योंकि न यहां राख गिरेगी, न ताबीज बांटे जाएंगे, न तुम्हारी बीमारी को दूर करने का कोई भरोसा है,

न तुम पद जीतोगे न धन, तुम्हारी कोई महत्वाकांक्षा पूरी नहीं होगी। फिर भी तुम आए हो, इसे मैं चमत्कार कहता हूं। कोई भी कारण नहीं है तुम्हारे आने का मेरे पास। क्योंकि तुम जो भी चाहते हो, उसमें से कुछ भी मैं तुम्हें देने वाला नहीं। विपरीत, तुम्हारे पास जो हो, शायद वह भी मेरे पास आने से छिन जाए और अंततः तुम भी मिट जाओ।

फिर भी तुम आए हो, तो मैं मानता हूं कि तुम्हारी कोई धार्मिक जिज्ञासा है। तुम राख की तलाश में नहीं हो, न नदियों पर पैदल चलने की तुम्हें कोई विक्षिप्तता है। तुम वस्तुतः ही ऊब गए हो संसार से। तुम्हारी ऊब वास्तविक है। तुम्हारे संताप ने उस सीमा को छू लिया है, जहां तुम एक दूसरे ही अध्यात्म लोक में प्रवेश करना चाहते हो। तुम इस सातत्य को तोड़ना चाहते हो, जो अब तक चलता रहा है। तुम इससे छलांग लेना चाहते हो। तुम इसी का सिलसिला आगे जारी रखने को उत्सुक नहीं हो।

इसलिए मैं तुम्हें कोई मंत्र नहीं देता। कोई मंत्र मेरे पास तुम्हें देने को है भी नहीं। क्योंकि मंत्र दिया जाता है वहां, जहां तुम्हारी खोज किसी ऋद्धि की, किसी सिद्धि की है। मैं तुम्हारे मन को मजबूत न करूंगा। मैं तुम्हारे मन को मिटाऊंगा, काटूंगा। और उस घड़ी की प्रतीक्षा करूंगा कि तुम मन को, जैसे कोई प्याज को छीलता हो, छीलते जाओगे एक-एक पर्त प्याज की, तुम्हारे विचार की एक-एक पर्त गिरती जाएगी। और एक दिन आएगा कि प्याज की सारी पर्तें अलग हो जाएंगी और कुछ भी हाथ में न बचेगा, शून्य बचेगा।

बुद्ध ने कहा है, मन प्याज की गांठ की भांति है। बस, पर्त विचारों की उघाड़ते जाओ, आखिर में मन भी नहीं बचता, जैसे प्याज नहीं बचती। और जब मन बिलकुल नहीं बचता, तब तुम अपने परिपूर्ण स्वरूप में प्रगट होते हो।

तुम कैसे मिटो, यही महामंत्र है। एकाग्रता से तुम सघन होओगे, ध्यान से तुम मिटोगे। एकाग्रता तुम्हारी शक्तियों को एक जगह लगाती है, ध्यान तुम्हारी शक्तियों को परमात्मा में समर्पित करवाता है। तो परमात्मा को एकाग्रता का बिंदु नहीं बनाना है, परमात्मा में समर्पित होना है। मन को एकाग्र नहीं करना है, परमात्मा में मन को खोना है।

ये बड़ी भिन्न बातें हैं। विलीन होना है, तल्लीन होना है, खो जाना है। ऐसी घड़ी आ जाए, जब तुम्हें तुम्हारा पता न चले। ऐसी घड़ी आ जाए, जब तुम खोजो भी तो अपने को न पा सको। तुम भीतर जाओ तो पाओ कि घर खाली है। तुम दर्पण के सामने खड़े होओ, अपनी आंखों में झांको, तो पता चले कि भीतर कोई भी नहीं है। जहां तुम विसर्जित हो गए, वहीं निर्वाण है।

इसलिए वस्तुतः धर्म ने कोई मंत्र नहीं दिए हैं, पुरोहितों ने मंत्र दिए हैं। तीर्थंकर मंत्र नहीं देते, न अवतार मंत्र देते हैं, पुरोहित मंत्र देते हैं। और पुरोहित से धर्म का कोई संबंध नहीं। पुरोहित ही धर्म को नष्ट करता है, क्योंकि पुरोहित धर्म को व्यवसाय के जगत का हिस्सा बना देता है। वह तुम्हारी आकांक्षाओं का सेवक है। तुम जो चाहते हो, वह कहता है, हो सकता है। वह तुम्हें आश्वासन देता है, तुम्हारी आशा को जगाए रखता है।

और धर्म तो तभी शुरू होगा, जब तुम्हारी सारी आशा गिर जाएगी। जब तुम्हारी निराशा परम होगी। जब एक किरण भी न बचेगी आशा की। क्योंकि एक भी किरण बची, तो तुम संसार में चलते ही रहोगे। अगर जरा सा भी तुम्हें लगा कि कल कुछ हो सकता है, तो तुम

कल की प्रतीक्षा करोगे। तुम्हारा विषाद इतना सघन हो जाए कि कल पर से तुम्हारा भरोसा हट जाए। तुम्हारा संताप इतना गहरा हो कि कोई आशा पैदा न हो।

जहां आशा नहीं, कल नहीं, वहां वासना के खड़े होने की जगह नहीं। क्योंकि वासना खड़ी होती है आशा से, और वासना खड़ी होती है कल में, आज तो जगह भी नहीं है। कल, और आने वाला कल, आने वाला जन्म, वहां आशा, वासना खड़ी होती है। समय का विस्तार वासना को खड़ा करने के लिए जगह बनाता है।

इसलिए तुम कल में जीते हो, आज नहीं। फिर चाहे तुम मंत्रों का पाठ करो, चाहे मंदिरों-मस्जिदों में पूजा करो, प्रार्थना करो। लेकिन तुम्हारी सारी प्रार्थनाएं तुम्हारी वासनाओं की संततियां हैं। इसलिए सब झूठी हैं।

जो प्रार्थना वासना का अनुषंग है, वह झूठी है। तुम कुछ मांगते हो, इसलिए प्रार्थना करते हो। यह प्रार्थना शब्द ही मांगने से बना है। तुम जाते हो मंदिर में, लेकिन मांगते संसार हो। तुम्हारी मांग जब तक बनी है, तुम कैसे प्रार्थना करोगे? जब तक तुम परमात्मा से कुछ मांग रहे हो, तब तक एक बात पक्की है कि तुम परमात्मा को नहीं मांग रहे हो। तब तक परमात्मा से बड़ी कोई चीज है। यह बड़े आश्चर्य की बात है कि परमात्मा के सामने भी खड़े होकर तुम क्षुद्र चीजें मांग पाते हो। इसका अर्थ है कि परमात्मा से बड़ी हैं वे क्षुद्र चीजें।

ऐसा हुआ कि रामकृष्ण के पास जब विवेकानंद आए, तो उनका घर बड़ी दीन अवस्था में था। पिता चल बसे थे। और पिता संसारी मनमौजी आदमी थे, तो बड़ा कर्ज छोड़ गए थे। घर में रोटी का भी इंतजाम न था। किसी तरह रोटी जुटती थी, तो मां और बेटे दोनों के लिए काफी नहीं होती थी। तो विवेकानंद मां को कहते कि मुझे किसी मित्र ने निमंत्रण दिया है आज, ताकि मां रोटी खा ले, अन्यथा विवेकानंद को खिला देती और खुद भूखी रह जाती। तो ऐसा कहकर आस-पास की गलियों में चक्कर लगाकर वहां से बड़े प्रसन्न और डकार लेते लौटते थे। न किसी मित्र ने निमंत्रण दिया है, लेकिन मां को दिखाने को कि भोजन कर आया हूं, बड़ा प्रसन्न हूं, बड़ा अच्छा भोजन था, ताकि मां भी निश्चिंतता से भोजन कर ले।

रामकृष्ण को पता लगा तो रामकृष्ण ने कहा, तू भी बड़ा मूर्ख है। यहां रोज काली के दरबार में उपस्थित होता है तो मांग क्यों नहीं लेता? इतनी छोटी सी बात, इसके लिए व्यर्थ कष्ट क्यों उठा रहा है?

जब रामकृष्ण ने कहा तो विवेकानंद ने कहा, आप कहते हैं तो मांग लूंगा।

रामकृष्ण बाहर बैठे हैं मंदिर के, विवेकानंद भीतर गए। बड़ी देर बाद वापस लौटे तो रामकृष्ण ने कहा कि पूछा? मां को कहा? तकलीफ बताई? विवेकानंद ने कहा, मैं भूल गया। रामकृष्ण ने कहा, यह भी कोई भूलने की बात है? भूखा है तू, मां तेरी भूखी, घर मुसीबत में, पैसा चुकता नहीं। जरा कह दे, इशारे की बात है, सब हो जाएगा। तू जा वापस। फिर घड़ी भर बाद विवेकानंद आए, आंख से आंसू बह रहे हैं आनंद के। रामकृष्ण ने कहा, निश्चित तूने मांग लिया होगा, इसलिए प्रसन्न है। विवेकानंद ने कहा, मैं फिर भूल गया।

ऐसा तीन बार हुआ। फिर विवेकानंद ने कहा कि नहीं, यह हो ही नहीं सकेगा। क्योंकि जब मैं मां के सामने जाता हूं, तो मां ही दिखाई पड़ती है और सब भूल जाता हूं। मैं खुद को ही भूल जाता हूं तो मेरी तकलीफें, मेरी मुसीबतें कहां टिकें? उनकी स्मृति कैसे रहे? और

यह असंभव मालूम पड़ता है। रामकृष्ण ने कहा कि इसीलिए तुझे बार-बार भेजा, यह तेरी परीक्षा थी। क्योंकि मां के सामने अगर तू कुछ मांगने को राजी हो जाए, तो उसका अर्थ है कि अभी प्रार्थना का कोई उपाय नहीं। फिर प्रार्थना ही नहीं हो सकती।

मांगने वाला चित्त भिखारी का चित्त है, वह प्रार्थना क्या करेगा? और परमात्मा से बड़ी चीजें उसके सामने हैं, जिनको वह मांग रहा है। जिसको परमात्मा ही चाहिए, वह उसके सामने कुछ भी नहीं मांग सकता। वह परमात्मा को भी नहीं मांग सकता।

इसे थोड़ा समझें। क्योंकि अक्सर इसका दूसरा दृष्टिकोण खयाल में आ जाता है कि हम कुछ चीजें न मांगेंगे, हम परमात्मा को ही मांगेंगे।

लेकिन तुम तो उसमें भी मौजूद रहोगे। और परमात्मा तुमसे छोटा और तुम बड़े। क्योंकि तुम उसे पा लोगे, वह भी तुम्हारी संपदा बन जाएगा, उसे भी तुम अपनी मुट्ठी में ले लोगे, वह भी तुम्हारे परिग्रह का विस्तार होगा। तुमने जो राज्य बनाया है, उसमें तुम उसे भी एक जगह बिठा दोगे, लेकिन तुम मालिक रहोगे।

तो ध्यान रहे, वस्तुएं तो कोई मांग ही नहीं सकता, संसार तो कोई मांग ही नहीं सकता परमात्मा के सामने--मांगता हो, तो वह परमात्मा के सामने ही नहीं खड़ा है; उसे क्षुद्र अभी विराट से बड़ा है, व्यर्थ अभी उसे सार्थक है, प्रार्थना उसकी झूठी है—लेकिन परमात्मा को भी कोई नहीं मांग सकता। परमात्मा के सामने खड़े होकर मांग ही बंद हो जाती है, मांगना ही व्यर्थ हो जाता है, मांगने वाला ही मौजूद नहीं रह जाता।

इसलिए प्रार्थना कोई कृत्य नहीं है। आप प्रार्थना कर नहीं सकते, करने वाला नहीं रह जाता। प्रार्थना एक भावदशा है, विलीनता की एक अवस्था है, जहां करने वाला खो जाता है। वह जो आप सदा हैं, नहीं होते। वही प्रार्थना है।

तो मैं तो कोई मंत्र आपको दूंगा नहीं। और जब तक मैं मंत्र न दूं, तब तक कोई धर्म मेरे आस-पास खड़ा नहीं हो सकता। अगर मंत्र दूं, तो धर्म खड़ा हो सकता है। मंत्र आया, तो पीछे से मंदिर आता है। मंदिर आया तो पुजारी, पुरोहित आता है। तब सारा जाल फैल जाता है। और सबके बीज में मंत्र है। मंत्र दिया कि मैंने तुम्हें स्वीकार कर लिया कि तुम्हारी खोज जायज है, तुम शक्ति को खोजो।

मैं तुम्हें कोई मंत्र न दूंगा, न नमोकार, न ओंकार, न मणि पद्मे हुम्। क्योंकि तुम खतरनाक हो और सभी मंत्रों से तुमने केवल अपने अहंकार को सिद्ध किया है।

मेरे पास तुम आए हो, अगर तुम्हारे पास कोई मंत्र हो, तो उसे तुम छोड़ जाना। मंत्र से अपने को मत भरना, क्योंकि मंत्र तुम्हारे मन का ही खेल है। सोचो, मन के बिना तुम कैसे मंत्र का पाठ करोगे? मन न होगा, तो कौन नमोकार पढ़ेगा? तो नमोकार विचार की ही एक प्रक्रिया हुई। कोई आदमी फिल्म का गीत गा रहा है, क्योंकि उसकी वासना स्त्रियों में उलझी है, काम में उलझी है। वह जिस ऊर्जा से, जिस मन से फिल्म का गीत गा रहा है, उसी ऊर्जा से मंत्र भी पढ़ सकता है, अगर उसकी वासना धर्म में उलझ जाए।

तो मंत्र हो कि गीत हो, दोनों ही विचार के रूप हैं। और मेरे लिए इससे कोई फर्क नहीं पड़ता कि कौन शुद्ध है, कौन अशुद्ध है। सभी विचार अशुद्ध हैं, विचार मात्र अशुद्धि है। शुद्ध विचार होता ही नहीं। शुद्ध विचार हो ही नहीं सकता। वैसे ही जैसे स्वस्थ बीमारी नहीं

हो सकती। बीमारी ही अस्वास्थ्य का नाम है, तो स्वस्थ बीमारी कैसे होगी? शुद्ध गंदगी कैसे होगी? या कि आप सोचते हैं हो सकती है? विचार ही अशुद्धि है, विचार की तरंग का होना ही चेतना को अशुद्ध करता है। फिर वह विचार कामवासना का है कि प्रार्थना का है, मंत्र है कि दुकानदारी है, इससे कोई बुनियादी फर्क नहीं पड़ता। चेतना में विचार का होना अशुद्धि है। शुद्ध विचार जैसी कोई चीज नहीं होती। क्योंकि शुद्धि का अर्थ निर्विचारता है, शुद्धि का अर्थ ही विचार का अभाव है।

आप ऐसा समझें कि आप दूध में पानी मिला देते हैं। बिलकुल शुद्ध पानी मिलाते हैं और शुद्ध ही दूध है और शुद्ध ही पानी है, तो दोनों मिलकर दोहरी शुद्धि हो जानी चाहिए। लेकिन दूध शुद्ध नहीं होता पानी मिलाने से, अशुद्ध हो जाता है। क्योंकि पानी का स्वभाव अलग, दूध का स्वभाव अलग। पानी कितना ही शुद्ध हो, शुद्ध होने से कोई फर्क नहीं पड़ता, दूध में मिलने से अशुद्ध होगा। और आप यह मत सोचना कि दूध ही अशुद्ध हुआ, पानी भी अशुद्ध हो गया। वह तो आपकी नजर दूध पर है इसलिए दूध अशुद्ध लग रहा है, अन्यथा पानी ने भी अपनी शुद्धि खो दी और दूध ने भी अपनी शुद्धि खो दी। दो शुद्ध चीजें मिलीं और दोनों अशुद्ध हो गईं।

विचार का अपना स्वभाव है। चेतना का अपना स्वभाव है। दोनों के स्वभाव अलग-अलग हैं, दोनों के मिलन से अशुद्धि होती है। विचार अपने में शुद्ध है, चेतना अपने में शुद्ध है। अपने में होना शुद्धि है, स्वभाव में होना शुद्धि है, विभाव अशुद्धि है।

इसलिए कोई शुद्ध विचार चेतना को शुद्ध नहीं कर सकते। कोई शुद्ध पानी दूध को शुद्ध नहीं कर सकता। निर्विचार जब भीतर का आकाश होता है, जहां कोई बादल नहीं, मंत्र के बादल भी नहीं, तब परमात्मा प्रत्यक्ष है। तब आप उस निराकार के साथ एक हैं।

प्रश्नः

भगवान, आपके वचनों से ऐसा लगता है कि आध्यात्मिक साधना
चाहे इस पार हो या उस पार की बात है।
या तो हम अधर्म में हैं या धर्म में, बंधन में या मोक्ष में, रावण में या राम में।
शायद बीच की कोई स्थिति नहीं है।
यदि ऐसा है, तो साधना और समर्पण में संबंध क्या है?

निश्चय ही बीच की कोई स्थिति नहीं है, हो भी नहीं सकती। इसे थोड़ा समझें, क्योंकि कठिन है। और मन को इससे बड़ी निराशा पैदा होती है कि बीच की कोई स्थिति नहीं है। मन बीच की स्थिति पैदा करता है। उससे भरोसा आता है कि हम राम भला न हों, लेकिन रावण भी नहीं हैं। आधे तक पहुंच गए हैं, काफी यात्रा कर ली है। मोक्ष न मिला हो, लेकिन संसार से हम छूट गए हैं। परम ज्ञान न हुआ हो, लेकिन काफी ज्ञान हुआ है, बस थोड़ी ही यात्रा और है।

लेकिन क्या ज्ञान बंट सकता है? क्या ऐसा हो सकता है कि आपको आधा ज्ञान हुआ हो? क्या आधा बुद्धत्व संभव है? और जो आदमी आधा बुद्ध हो गया हो, वह बाकी आधी निर्बुद्धि को क्यों ढोएगा? जिसके भीतर आधे में प्रकाश हो गया हो, क्या इस आधे प्रकाश में इतनी भी सामर्थ्य नहीं कि वह आधे अंधकार को मिटा दे? जिसकी वासना आधी चली गई हो, वह शेष आधी को कैसे बचाएगा?

मगर मन की गहरी तरकीबों में एक तरकीब है कि वह आपको बताता है कि विकास हो रहा है। इससे आशा बनी रहती है। तो मन कहता है, एक-एक सीढ़ी हम चढ़ रहे हैं, थोड़ी सीढ़ियां बाकी रही हैं। जल्दी कुछ है नहीं, घबड़ाने की कोई बात नहीं, चिंता बनाओ मत। इतनी सीढ़ियां देखो चढ़ चुके हो, थोड़ी सीढ़ियां और, वे भी पार हो जाएंगी। मन सीढ़ियां पैदा करता है, जहां सीढ़ियां हैं ही नहीं। मन डिग्रीज बनाता है, जहां कोई डिग्री नहीं है, जहां डिग्री हो नहीं सकती।

या तो कोई आदमी ज्ञान में है, तब अज्ञान टिक नहीं सकता। रत्तीभर नहीं टिक सकता, आधे की तो बात अलग है। क्योंकि ज्ञान की मौजूदगी में अज्ञान टिकेगा कैसे? और या कोई आदमी अज्ञान में है। और तब वह यह नहीं कह सकता कि रत्तीभर ज्ञान मुझे हुआ है, क्योंकि रत्तीभर ज्ञान अज्ञान को नष्ट कर देगा।

आपका पूरा घर अंधेरे से भरा हो, छोटा सा दीया जल जाए और अंधेरा समाप्त है। कोई पूरे घर को आग थोड़े ही लगानी पड़ेगी, जब प्रकाश होगा! कि पूरे घर को आग लगाएंगे, तब प्रकाश होगा? एक छोटा सा दीया जला कि प्रकाश हो गया, कि अंधकार गया। प्रकाश की मौजूदगी अंधकार का अंत है।

और अगर पूरे घर में अंधकार भरा है और सिर्फ थोड़ी सी जगह प्रकाश जल रहा है और दीया थोड़ा सा प्रकाश करता है, तो आप समझना कि यह दीया कल्पित है। आप सोच रहे हैं कि यह है, यह है नहीं। आप कोई सपना देख रहे हैं। या यह दीया नहीं होगा, दीए की पेंटिंग होगी। और चित्रकार दीए को पेंट कर सकता है कि देखने पर लगे कि दीया रखा है, और देखने पर लगे कि ज्योति भी जली है, और ज्योति के चारों तरफ प्रकाश भी पेंट किया जा सकता है। लेकिन उससे अंधेरा नहीं मिटेगा। यह दीया झूठा है।

हमारा ज्ञान इस चित्रित दीए की भांति है, उसे हमने शास्त्रों से इकट्ठा किया है, वे चित्र हैं। उसे हमने संजो लिया है मन के एक कोने में। अंधेरा अपनी जगह है, ज्ञान उसके बीच में बैठा हुआ है। जो ज्ञान अंधेरे को आमूल न मिटा देता हो, समझना कि वह उधार है। वह कहीं न कहीं मिथ्या और झूठा है।

या तो रावण हो सकते हैं या राम, मध्य में होने का कोई उपाय नहीं। हमारे मन की तकलीफ यह है कि यह तो हम भी समझते हैं कि राम हम नहीं हैं, मगर यह अहंकार को चोट होती है कि तो फिर रावण ही बचते हैं, वह मानने को मन राजी नहीं होता। मन कहता है, माना कि राम नहीं हैं, क्योंकि इतनी घोषणा करनी भी जरा मुश्किल मालूम पड़ती है। और चारों तरफ लोग जानते हैं कि राम हम नहीं हैं, किसके सामने घोषणा करें? लोग सिर्फ हंसेंगे। तो राम तो हम अपने को नहीं कह पाते। कहना तो चाहते हैं, कह नहीं पाते, वास्तविक कठिनाइयां हैं, लेकिन रावण मानने का भी मन नहीं होता। तो बीच का हम मार्ग

खोज लेते हैं। हम कहते हैं, न हम राम हैं अभी न रावण हैं, मध्य में हैं, अभी हम बीच में हैं। अभी परम ज्ञान नहीं हुआ, बुद्धत्व उपलब्ध नहीं हुआ, लेकिन हम कोई मूढ़ और अज्ञानी भी नहीं हैं।

यह जो बीच का खयाल है, यह बहुत खतरनाक है, क्योंकि यह तुम्हें तुम्हारी स्थिति से परिचित ही न होने देगा। अच्छा है कि तुम समझ लो कि तुम रावण हो। और रावण में खराबी क्या है, जिसकी वजह से तुम डरते हो? अगर रावण के व्यक्तित्व को समझो, तो तुम पाओगे कि तुम मध्य में तो हो ही नहीं सकते, छोटे या बड़े रावण हो सकते हो। यह हो सकता है कि तुम छोटे रावण हो।

पर तुम्हारा ढंग और तुम्हारी चेतना का गुण, एक बूंद हो कि सागर, इससे क्या फर्क पड़ता है? सागर की एक बूंद भी खारी है, पूरा सागर भी खारा है। बुद्ध कहते थे, सागर की एक बूंद चख लो, तुमने पूरा सारा सागर चख लिया। वैज्ञानिक कहते हैं, सागर की एक बूंद का विश्लेषण कर लो, तुमने पूरे सागर का विश्लेषण कर लिया। जो एक बूंद में है, वही पूरे सागर में है; सागर मैग्नीफाइड है, बस उसका ही विस्तार है। और बूंद संकुचित है, बस उसी का संकोच है। तो यह हो सकता है कि तुम सागर न हो, बूंद हो, पर तुम्हारा मूल गुणधर्म वही है।

रावण की क्या कठिनाई है? रावण में क्या है, जो तुम पाते हो, तुममें नहीं है। इसे थोड़ा हम समझें। रावण धन का दीवाना है, साम्राज्य के विस्तार की आकांक्षा है। स्त्रियों के लिए लोलुप है। वे चाहे स्त्रियां पराई, दूसरों की स्त्रियां ही क्यों न हों, अगर उसे पसंद पड़ जाएं, तो उन्हें उसके राजमहल में ही होना चाहिए। पंडित है बड़ा, शास्त्र का ज्ञाता है।

रावण में ये जो गुणधर्म हैं, इनमें कौन सा है, जो हम कोशिश करें तो अपने में न पाएं, खोजें तो न पाएं! स्त्री आकर्षित करती है। और सच तो यह है कि अपनी स्त्री कम आकर्षित करती है, दूसरे की ही सदा आकर्षित करती है। क्योंकि अपनी से तो हम धीरे-धीरे आदी हो जाते हैं। और मन अपने से तो ऊब जाता है। खुद की पत्नी में कभी कोई आकर्षण होता है? खुद की पत्नी में कोई आकर्षण नहीं रह जाता। असल में जो चीज हमें उपलब्ध हो, उसमें आकर्षण रह ही नहीं जाता। आकर्षण तो उसमें होता है, जो उपलब्ध नहीं है। और जितना कठिन हो पाना, उतना ही आकर्षण बढ़ता है।

राम की स्त्री में रावण का रस कठिनाई के कारण है। कठिनाई निश्चित बड़ी थी और कठिनाई बड़ी गहरी थी। कठिनाई क्या थी? राम की स्त्री को चुराना बहुत कठिन नहीं था, वह तो रावण ने किया ही। राम की स्त्री को झुकाना कठिन था, जो रावण नहीं कर पाया। वही कठिनाई थी, वही चुनौती थी। सीता का लगाव राम की तरफ ऐसा परिपूर्ण था कि सीता के हृदय में जरा सी भी रंध्र न थी, जिसमें से रावण भीतर प्रवेश कर जाए—यह चुनौती थी।

वेश्या में थोड़े ही आकर्षण होता है! सती में आकर्षण होता है। वेश्या में क्या आकर्षण है? थोड़ा आपका खीसा हल्का होगा और वेश्या उपलब्ध हो जाएगी। वेश्या खरीदी जा सकती है। उसमें क्या रस हो सकता है? रस था सीता में, उसे खरीदना असंभव था। कोई उपाय न था, जिससे उसे खरीदा जा सके। और कोई उपाय न था कि उसके हृदय में प्रवेश किया जा सके।

इसलिए पूरब की स्त्रियों में जो आकर्षण है, वह पश्चिम की स्त्री में नहीं है। पश्चिम के लोग भी अनुभव करते हैं कि पूरब की स्त्री में जो आकर्षण है, वह पश्चिम की स्त्री में नहीं है। पश्चिम की स्त्री ज्यादा सुंदर हो सकती है, उसके शरीर का अनुपात ज्यादा ढंग का हो सकता है, लेकिन फिर भी उसमें वह आकर्षण नहीं जो पूरब की साधारण स्त्री में होगा। क्योंकि पूरब की स्त्री के हृदय में प्रवेश असंभव है। चुनौती बड़ी है।

रावण के पास सुंदर स्त्रियों की कमी न थी, सीता से शायद ज्यादा सुंदर रही हों। लेकिन सीता की जो अनन्य भक्ति है राम के प्रति, वह चुनौती बन गई रावण को।

तुम्हारे लिए भी सदा वही चुनौती है। दूसरे की स्त्री में रस है। वह रावण की चेतना का गुणधर्म है। जो दूसरे के पास है उसमें रस है, जो अपने पास है उसमें रस नहीं है।

राम को किसी दूसरी स्त्री में कोई रस नहीं, जैसे सीता में सारा संसार पूरा हो गया। यह राम की चेतना का हिस्सा है कि जो अपने पास है, वह सब है; जो अपने पास है, वह पूरा है; जो अपने पास है, उसमें संतोष है, उसमें संतुष्टि गहन है, उससे ज्यादा की कोई मांग नहीं है। उससे ज्यादा दिखाई ही नहीं पड़ता, सब उसमें समाया हुआ है। जैसे सारी दुनिया की स्त्री का स्त्रीत्व सीता में समा गया है। सीता मिल गई, तो सब स्त्रियां मिल गईं।

रावण की चेतना, जब तक सारी स्त्रियां न मिल जाएं, तब तक तृप्ति नहीं होती। और तब भी तृप्ति होगी, कहना कठिन है। व्यक्ति का मूल्य रावण को नहीं है, खुद के स्वार्थ और खुद की संवेदना का मूल्य है।

जिसके पास हम रहते हैं, उसके प्रति हमारी संवेदना बोथली हो जाती है। रोज उसे देखते हैं, फिर देखने योग्य कुछ नहीं बचता; रोज उसे खोजते हैं, फिर खोजने योग्य कुछ नहीं बचता। फिर उसके पूरे व्यक्तित्व से हम परिचित हो जाते हैं, तो सब बासा हो जाता है। यही सभी इंद्रियों का ढंग है। आज भोजन मिला, वही कल भी मिला। आज कहा, बहुत अच्छा है; लेकिन कल उतना अच्छा नहीं कह सकेंगे, वही भोजन। फिर तीसरे दिन भी वही भोजन फिर मिला, तो ऊब पैदा हो गई। चौथे दिन थाली सरका देंगे। वही है, जो पहले दिन बहुत अच्छा कहा था, लेकिन चार दिन में ऊब गए।

इंद्रियां पुराने से ऊबती हैं। इंद्रियों का ढंग है, रोज नए की तलाश। क्योंकि इंद्रियों को उत्तेजना चाहिए। उत्तेजना नए से मिलती है।

इसलिए जितने ऐंद्रिक समाज होंगे, नए की खोज उनका सूत्र होगा। जितने आध्यात्मिक समाज होंगे, पुराने के साथ तृप्ति उनका स्वभाव होगा। चेतना तो सनातन की खोज करती है, इंद्रियां नवीन की।

तो राम ने तो सीता में सनातन को खोज लिया। वह जो शाश्वत है, जो कभी पुराना नहीं पड़ता और जिसे नया करने की कोई ज़रूरत नहीं, जिससे ऊब कभी पैदा ही नहीं होती।

प्रेम से कभी ऊब पैदा नहीं होती, काम से ऊब पैदा होती है। क्योंकि प्रेम है हृदय का और काम है इंद्रियों का। इसलिए अगर कामवासना आपका केंद्र है, तो रोज आपको नई स्त्री चाहिए, नया पुरुष चाहिए, नया भोजन चाहिए, रोज! क्योंकि शरीर तो प्रतिपल नए में जी सकता है, उससे उत्तेजना मिलती है, चुनौती मिलती है। लेकिन चेतना तो सनातन में जीती है, शाश्वत में जीती है। इसलिए प्रेम शाश्वत हो सकता है।

राम और सीता के बीच तो प्रेम घटा है, रावण और उसकी पत्नियों के बीच कामवासना के संबंध हैं। सीता में रावण की उत्सुकता इस बात की खबर है कि उसकी अपनी पत्नियों में उत्सुकता नहीं रही है।

यही तो हमारी दशा है, चेतना हमारी भी इसी तरह बह रही है। जो हमारे पास है, वह बेकार; और जो दूसरों के पास है, वहां स्वर्ग; और जब तक मैं उसे न पा लूं, तब तक बेचैनी; और पाते ही से वह बेकार हो जाता है। क्योंकि जैसे ही पा लिया, वह मेरा हो गया, फिर नजर और पर जाने लगी। यह जो दूसरे पर जाती नजर है, सदा दुख लाती है। और संतुष्टि का तो कोई आयाम इससे खुल नहीं सकता।

रावण धन के लिए दीवाना है, इसलिए कथा है कि उसकी नगरी स्वर्ण की नगरी है। उसकी लंका सोने की बनी है। लेकिन फिर भी दूसरे का धन, दूसरे का राज्य आकर्षित करता है। रावण की लंका तो सोने की है, राम की अयोध्या सोने की नहीं है। फिर भी राम को कोई रस दूसरे के राज्य में नहीं है।

सोने का भी राज्य आपको मिल जाए, तो भी जो दूसरे का है, उसमें आपको रस रहेगा। महल भी आपके पास हो, तो भी दूसरे का झोपड़ा आपको आकर्षित करेगा।

राम जैसी चेतना का व्यक्ति झोपड़े में रहे, तो भी महल आकर्षित नहीं करता। राम जैसा व्यक्ति जहां भी रहे, वहीं महल है। रावण जैसा व्यक्ति जहां भी रहे, वहीं दुख है, वहां महल नहीं है। महल कहीं और, किसी और के पास, जिसको जीतना है।

रावण के दस सिर हमने कहे हैं। अगर मनोवैज्ञानिकों से हम पूछें, तो वे कहते हैं, हर आदमी के दस सिर हैं। क्योंकि आपको कई चेहरे तैयार रखने पड़ते हैं, सुबह से शाम तक कई दफे बदलने पड़ते हैं। आपको खयाल में नहीं है, क्योंकि आपको अपने मन का ठीक विश्लेषण ही नहीं है। जब आप अपने नौकर के सामने खड़े होते हैं, तो आप दूसरे चेहरे का उपयोग करते हैं। जब आप अपने मालिक के सामने खड़े होते हैं, तो दूसरे चेहरे का उपयोग करते हैं।

इसे थोड़ा खयाल करना, तो आप पाएंगे, तत्क्षण आप चेहरा बदलते हैं। जैसे कई चेहरे स्पेअर तैयार हैं, जिनको आप तत्क्षण बदल लेते हैं। अगर किसी आदमी से काम लेना हो, तो आप और चेहरे का उपयोग करते हैं। और अगर कोई आदमी आपसे काम लेने आया हो, तो तब आपका चेहरा देखिए। जब आपको किसी से रुपए उधार लेने हैं, तब आप अपना चेहरा आईने में देखिए। और जब कोई आपसे रुपए उधार लेने आया है, तब अपने चेहरे को आईने में देखिए। आप पाएंगे कि अलग आदमियों के चेहरे हैं, यह एक ही आदमी का चेहरा नहीं है। दस का मतलब आप दस मत समझ लेना, दस तो आखिरी संख्या है, इसलिए दस। चेहरे तो हजार हैं, दस आखिरी संख्या है, बाकी संख्या तो फिर पुनरुक्ति है।

इसलिए सभी संख्याओं में, दुनियाभर की संख्याओं में, दस पर संख्या का अंत हो जाता है। ग्यारह का मतलब है फिर एक के ऊपर एक, फिर पुरानी संख्या दुहरने लगी। बारह का मतलब एक के ऊपर दो, लेकिन दस पर काम पूरा हो गया। और दस पर काम पूरा हो गया, क्योंकि आदमी की दस अंगुलियां हैं। आदमी ने पहले अंगुलियों पर गिनना शुरू किया, दस पर संख्या पूरी हो गई। फिर वह दस को ही बढ़ाता रहा है।

तो वे जो रावण के दस चेहरे हैं, वे तो सिर्फ संख्या का अंत बताने के लिए हैं, चेहरों का कोई अंत नहीं है। सुबह से शाम तक हजारों चेहरे आप बदल रहे हैं।

राम का एक ही चेहरा है, चाहे सुख में मिलें, चाहे दुख में, चाहे उनको आप राजमहल में मिलते और चाहे जंगल में। उनके चेहरे में भेद नहीं है।

और जिस आदमी ने एक चेहरा पा लिया, वह राम हो गया। इसका अर्थ है, जिसका चेहरा आथेंटिक हो गया, प्रामाणिक हो गया। जिसका चेहरा भीतरी हो गया। जो बाहर को देखकर अब चेहरे को नहीं बदलता। परिस्थिति जिस पर अब प्रभावी नहीं है। जिसका चेहरा अब एक आंतरिक दशा और स्थिति है। आप उसे गाली दें तो भी उसका चेहरा वही है, प्रशंसा करें तो भी उसका चेहरा वही है। अब कोई परिस्थिति उसके चेहरे को डांवाडोल नहीं करती। उसका होना थिर हो गया है।

राम इस थिरता का नाम है।

रावण को मारना मुश्किल हुआ युद्ध में, क्योंकि एक गर्दन काटो, इससे क्या फर्क पड़ता है? असली गर्दन का तो कोई पता ही नहीं है, जिसके कटने से रावण मरेगा। और झूठा चेहरा एक गिरा कि दूसरा उग आता है। झूठे चेहरे काटने से कुछ हल नहीं है, क्योंकि वह कोई चेहरा ही नहीं है। इसलिए रावण के सिर गिरते जाते हैं और नए उगते आते हैं।

आपके झूठे चेहरे को कोई काट भी दे, क्या फर्क पड़ता है! न वहां रक्त है, न मांस है, न कुछ है; वह तो सिर्फ एक खयाल था, एक भाव था, वह काट दिया, आप दूसरा तत्क्षण पैदा कर देंगे।

रावण को मारने की भी कठिनाई यही थी कि उसके असली चेहरे का पता लगाना ही सूत्र था कि असली चेहरा कौन सा है। और आप भी अपने को न मिटा पाएंगे परमात्मा के सामने। राम के सामने रावण ऐसे ही खड़ा था, जैसे आप भी परमात्मा के सामने खड़े हैं। आपको तक पता नहीं कि आपका असली चेहरा कौन सा है, जिसको काटने से आप मिट जाएंगे। कई बार आप झूठे चेहरे काटकर चढ़ा आते हैं मंदिर में और घर लौट आते हैं। वे झूठे चेहरे हैं, उनके काटने से कुछ हल नहीं होता।

देखें मंदिर में, एक आदमी जाता है, सिर झुकाकर चरणों में रख देता है परमात्मा के। लेकिन अगर आप गौर से देखें, तो उसकी अकड़ तो वहां वैसी की वैसी खड़ी है। असली चेहरा तो खड़ा ही हुआ है, नकली चेहरा झुका हुआ है। और असली चेहरा चारों तरफ देख रहा है कि देख लो, मेरे जैसा भक्त इस गांव में कोई भी नहीं!

मैंने सुना है, एक सम्राट सुबह-सुबह चर्च में प्रार्थना कर रहा था। और सम्राट था और पर्व का दिन था, इसलिए पहला हक उसी का था। जैसा हरिद्वार में या गंगा पर स्नान के वक्त पहला हक कि कौन स्नान करेगा?

धर्म के जगत में भी पहले का हक करने वाले लोग हैं! ये अहंकारी हैं। दंगा-फसाद हो जाता है कुंभ के मेले में। क्योंकि जिनका हक था, उनके पहले किसी ने स्नान कर लिया, तो वहीं मार-पीट शुरू हो जाएगी। भगवान के दरवाजे पर भी आप इतनी आसानी से न घुस पाओगे, वहां लट्ठ लिए लोग खड़े होंगे कि हमारा हक पहले, तुम पहले कैसे जा रहे हो?

वह सम्राट था, चर्च में पहला उसका हक था पर्व के दिन, तो अंधेरे में सुबह पांच बजे

प्रार्थना करता था, क्योंकि फिर लोग आना शुरू हो जाते, भगवान से पहली मुलाकात उसकी होनी चाहिए। तो वह प्रार्थना कर रहा था और अंधेरे में कह रहा था, हे परमपिता! मैं ना-कुछ हूं, मैं दीन-दरिद्र हूं, पापी हूं, मुझे अपने चरणों में समा ले। तभी उसे लगा कि कोई और अंधेरे में मौजूद है। अंधेरे में दिखाई तो ठीक से नहीं पड़ता था, तो उसने कान सजग किए। पास में ही कोई आदमी वेदी के पास झुका था और यही शब्द दोहरा रहा था कि हे परमात्मा, मैं ना-कुछ हूं, दीन-दरिद्र, तेरे पैरों की धूल, मुझे अपने चरणों में समा ले।

सम्राट ने कहा, यह कौन आदमी मेरे सामने कहने का दावा कर रहा है कि मैं ना-कुछ हूं? मुझसे ज्यादा ना-कुछ दूसरा कोई भी नहीं हो सकता। यह कौन है जो कह रहा है कि मैं दीन-दरिद्र हूं? जब मैं कह चुका, तो मुझसे ज्यादा दीन-दरिद्र कोई भी नहीं हो सकता। अपने शब्द वापस ले ले!

अगर सम्राट कह रहा हो कि मैं निरअहंकारी हूं, तो आप यह नहीं कह सकते कि आप भी निरअहंकारी हैं। क्योंकि सम्राट का अहंकार खड़ा हुआ, वह कहेगा, मुझसे ज्यादा होने का दावा? वह चाहे धन का हो, चाहे निरअहंकारिता का, इससे कोई फर्क नहीं पड़ता, लेकिन मुझसे ज्यादा तुम नहीं हो सकते। दीन-दरिद्र तो मैं प्रथम, ना-कुछ तो मैं प्रथम, लेकिन मेरा प्रथमपन जारी रहेगा।

तो तुम झुक जाते हो मंदिर में, लेकिन तुम्हारा अहंकार तो खड़ा रहता है। तुम्हारा सिर झुकता है, जो झूठा है, जिसका कोई मूल्य नहीं।

रावण के मन को अगर समझें, तो आप अपने भीतर रावण को पूरी तरह प्रतिष्ठित पाएंगे। और वही रावण आपको समझा रहा है कि राम तुम भला न हो, लेकिन रावण नहीं हो।

उसकी बिलकुल मत सुनें। उसकी काफी सुन चुके हैं। उसकी सुनने के कारण यह दुर्दशा है। अगर आपको लगता है कि राम मैं नहीं हूं, तो पक्का जानें कि आप रावण हैं। यह पक्का जानना राम की तरफ जाने का पहला कदम होगा। अपने को बुरा जानना शुभ होने की पहली क्रांतिकारी घटना है। मैं अंधेरे में हूं, ऐसी गहन प्रतीति प्रकाश की खोज बनती है। मैं अज्ञानी हूं, तो ज्ञान की जिज्ञासा शुरू होती है।

मध्य और आधे की बात मत सोचें। या इस पार या उस पार। और जो इस पार से छूटता है, वह तत्क्षण उस पार पहुंच जाता है। क्योंकि दोनों के बीच में जरा भी जगह नहीं है, जहां आप खड़े हो सकें। ज्ञान और अज्ञान के बीच जरा सी भी जगह नहीं है, जहां आप खड़े हो सकें। यहां अज्ञान गया कि ज्ञान आया, यह घटना युगपत है। जैसे सौ डिग्री पानी गरम हुआ, फिर भाप और पानी के बीच में जरा सी भी जगह नहीं है कि पानी का कुछ हिस्सा बीच में रुक जाए और कहे, हम पानी तो न रहे, लेकिन अभी भाप नहीं हैं, बीच में हैं। न, या तो पानी या भाप, इन दोनों के बीच कोई भी जगह नहीं है।

वह जो दूसरा किनारा है और यह किनारा है, इन दोनों के बीच में कोई नदी नहीं बह रही, जिसमें आप मध्य में अपनी नाव टेक दें। नदी वहां है ही नहीं, बस दो किनारे हैं। यह किनारा छूटा कि दूसरा किनारा मिला। और जब तक दूसरा न मिला हो, तब तक आप इस किनारे पर हैं, इसे बहुत गहनरूप से अनुभव करना। मन के धोखे में मत पड़ना। या तो अंधकार या प्रकाश, या तो जीवन या मृत्यु। अधमरा आदमी भी अधमरा नहीं होता, हम कहते ही हैं। जिंदा

होता है, पूरा जिंदा होता है। अधमरा कैसे कोई हो सकता है? यह भाषा की भूल है। आधा जिंदा कोई कैसे हो सकता है? एक आदमी बिलकुल बेहोश भी पड़ा हो, तो भी जिंदा है, पूरा जिंदा है, सौ प्रतिशत जिंदा है। आधा मर गया है, ऐसा नहीं कह सकते। और एक आदमी मर गया, तो आप यह नहीं कह सकते कि आधा जिंदा है। मर गया तो मर गया, जिंदा है तो जिंदा है। इन दो किनारों के बीच कोई भी जगह नहीं है, कोई स्पेस, कोई रिक्तता नहीं है।

ठीक से अपना विचार करें, और रावण को आप छिपा हुआ पाएंगे। और ठीक-ठीक आप अनुभव कर लें कि मैं रावण हूं। वही रावण की भूल थी। क्योंकि रावण अपने को रावण नहीं समझता था, समझता था महापंडित, ज्ञानी। और शायद शास्त्रार्थ करता तो राम को हरा देता, शास्त्र उसे कंठस्थ थे। शक्तिशाली भी कम नहीं था, क्योंकि अज्ञानी सदा शक्ति की तलाश करता है। बड़ी सिद्धियां उसने इकट्ठी कर रखी थीं। और सिद्धियां इकट्ठा करने के लिए अज्ञानी कुछ भी करने को राजी होता है।

इसलिए कथा है कि वह अपनी गर्दन को काटकर शिव के सामने चढ़ा देता था। इस सीमा तक जा सकता है अज्ञानी। सब कुछ छोड़ने को राजी है, अहंकार भर उसका मजबूत होता चला जाए। मरने तक को राजी है, अहंकार अगर बचता हो। तो सिद्धि की तलाश थी उसकी, मंत्रों की साधना थी उसकी, बड़ा साधक था।

राम के जीवन में कोई साधना की खबर ही हमें नहीं है कि राम ने कहां साधना की, कौन सी सिद्धियां पाईं, रावण के जीवन में हमें खबर है, उसने बड़ी साधना की, बड़ी सिद्धियां पाईं। आखिर शिव को उसने प्रसन्न कर लिया और वह परम शक्ति का मालिक हो गया। ज्ञान भी उसके पास था, पांडित्य उसके पास था, सब कुछ उसके पास था। इसलिए स्वाभाविक है कि वह सोचता हो कि राम मैं हूं।

अगर शक्ति से ही तौला जाए, साम्राज्य से तौला जाए, स्वर्ण से तौला जाए, ज्ञान से तौला जाए, तो राम बिलकुल निरीह हैं। राम का वह चित्र, जहां वह जंगल जा रहे हैं, बिलकुल निरीह है। जो था, वह भी छिन गया है। कुछ भी नहीं है पास। एक ना-कुछ व्यक्ति की तरह जंगल में निरीह खड़े हैं। रावण के पास सब कुछ है। उसको खयाल रहा होगा कि राम मैं हूं।

तो अगर शक्ति से ही हम सोचें, तो यह तर्क स्वाभाविक है।

जब तक आपको खयाल न आ जाए ठीक से कि रावण हैं आप, तब तक आपकी वास्तविक जीवन-क्रांति का कदम नहीं उठता। और जैसे ही यह खयाल आ जाए कि रावण मैं हूं, महल रावण का गिरना शुरू हो गया। क्योंकि कोई भी व्यक्ति सचेतन होकर रावण नहीं हो सकता। जानते हुए कि रावण मैं हूं, कोई रावण नहीं हो सकता। जानते हुए कि बुरा मैं हूं, बुराई नहीं टिक सकती। क्योंकि यह जानना एक आग है, जिसमें बुराई जल जाती है, राख हो जाती है।

अगर बुराई को बचाना हो, तो यह जानना जरूरी है कि मैं बुरा नहीं हूं। भला कहना मुश्किल हो, तो भी इतना तो कहूं कि और लोगों से कम बुरा हूं, भलाई की तरफ चल रहा हूं।

एक आदमी मरा। उस गांव का रिवाज था कि जब कोई मर जाए, तो उसकी प्रशंसा में कुछ कहा जाए। और जब तक उसकी प्रशंसा में कुछ न कहा जाए, तब तक उसका

अग्नि-संस्कार नहीं किया जा सकता। और वह आदमी इतना बुरा था कि गांव भर के लोगों ने बहुत सोचा, लेकिन कुछ भी न खोज पाए कि प्रशंसा में क्या कहें!

उस जैसा दुष्ट खोजना मुश्किल था। उपद्रवी ऐसा था कि बिना कारण उपद्रव खड़ा करे। पूरा गांव उससे त्रस्त था और सभी प्रसन्न थे उसकी मृत्यु से। न केवल गांव के लोग, उसके घर-परिवार के लोग भी बड़े आनंदित और आह्लादित थे कि झंझट मिटी। क्योंकि वह आदमी झंझटी था और सुबह से सांझ तक किसी न किसी को, किसी न किसी झंझट में डाले रखता था। पूरे गांव को उसने अदालत के चक्कर लगवा दिए थे। और उससे रास्ते पर नमस्कार करना भी खतरनाक था। उससे कोई भी संबंध बनाना उपद्रव की बात थी, क्योंकि उतने में ही वह कुछ जाल खड़ा कर दे।

मरघट पर उसकी लाश रखे बैठे हैं और कोई उठकर खड़ा नहीं होता जो प्रशंसा में कुछ कहे। गांव का पुराना रिवाज कि जब तक प्रशंसा में कोई कुछ न कहे, तब तक आग न दी जाए। फिर सांझ होने लगी, गांव परेशान है। आखिर लोगों को लगा कि मरकर भी सता रहा है, अब इसको कैसे जलाएं! और जब तक जलाओ न, तो गांव कैसे जाएं? और रात उतरने के करीब है, अब करना क्या?

फिर एक आदमी खड़ा हुआ और उसने कहा कि यह आदमी अपने चार भाइयों की तुलना में देवता था। इसके चार भाई और हैं गांव में, वे इससे भी ज्यादा उपद्रवी हैं और दुष्ट हैं। अपने चार भाइयों की तुलना में यह आदमी देवता था! अग्नि-संस्कार करके लोग घर लौट आए।

आप भी अपने को समझाए रखते हैं कि औरों की तुलना में मैं देवता हूं! इतने बुरे लोग हैं संसार में, मैं इतना बुरा नहीं। बुद्ध जैसा भला नहीं, राम जैसा भला नहीं, रावण जैसा बुरा भी नहीं हूं। और पृथ्वी रावणों से भरी है, मैं मध्य में हूं।

मध्य में कोई भी नहीं है, कोई भी हो नहीं सकता। मध्य की भ्रांति को छोड़ दें, तो क्रांति शुरू हो सकती है।

आज इतना ही।

(मूल पुस्तक 'नहिं राम बिन ठांव' का छठवां प्रवचन)

2

सीता : प्रेम की अनन्य घटना

*ध्यान और प्रेम करीब-करीब एक ही अनुभव के दो नाम हैं।
जब किसी दूसरे व्यक्ति के संपर्क में ध्यान घटता है, तो हम उसे प्रेम कहते हैं।
और जब बिना किसी दूसरे व्यक्ति के, अकेले ही प्रेम घट जाता है,
तो उसे हम ध्यान कहते हैं।*

प्रश्न :

भगवान, आपके अनुसार ही, प्रेमी-प्रेमिका का प्रेम तो टिकाऊ भी होता है,
लेकिन पति-पत्नी का नहीं।
और कल आपने कहा कि राम और सीता का प्रेम अपने आप में इतना पूर्ण था कि
वे एक-दूसरे से आजीवन संतुष्ट रहे।
क्या यह संभव है?
या यह नियम को सिद्ध करने वाला मात्र अपवाद है?
और यदि संभव है, तो कैसे संभव होता है?
और दूसरी बात, आपने गृहस्थों को संन्यास की दीक्षा दी है।
कितने ही दंपति और प्रेमी-प्रेमिकाओं के जोड़े आपके संन्यास में दाखिल हैं।
वे अपने सेक्स और संसार को, साधना और संन्यास को कैसे समन्वित करें,
इस दिशा में भी कृपया हमारा मार्गदर्शन करें।

राम और सीता का संबंध प्रेम का ही संबंध है, पति-पत्नी का नहीं। विवाह दो भांति संभव हो सकता है। एक आयोजित, कि माता और पिता निर्णय लें, पंडित-ज्योतिषी निश्चय करें, परिवार-समाज सहयोगी हो, लेकिन जिन व्यक्तियों का विवाह हो रहा है, उनकी कोई भी मरजी न पूछी जाए, समाज तय करे। ऐसा विवाह आयोजित विवाह है। ऐसे विवाह में बड़ी सुरक्षा है, बड़ी सिक्योरिटी है। क्योंकि बड़े-बूढ़े जब तय करते हैं, तो पूरे गणित का उपयोग करते है, पूरे अनुभव का उपयोग करते हैं। जीवन में जो उन्होंने जाना है, सीखा है, समझा है, उस हिसाब से तय करते हैं। बड़े-बूढ़े चालाक स्वभावतः होते हैं। उनकी चालाकी, उनकी कनिंगनेस, उनका गणित वे उपयोग में लाते हैं। और उन्होंने जीवन में कुछ महत्वपूर्ण बातें देखी हैं, जो कि बच्चे बच्चे होने के कारण नहीं देख सकते। उन्होंने देखा है कि भाव की दशाएं सदा टिकती नहीं हैं। उन्होंने जाना है कि भाव की ऊंचाई पर जो निर्णय लिए जाते हैं, जब भाव नीचे गिरेगा तो वे निर्णय नष्ट हो जाएंगे। उन्होंने यह भी जाना है कि सपनों में ज्यादा देर तक नहीं जीया जा सकता। सपने अंततः टूट जाते हैं।

रोमांस एक सपना है। रोमांस एक ऐसा सपना है, जिसमें हम दूसरे को परमात्मा देखते हैं, दूसरे में परमात्मा देखते हैं। लेकिन हमारी मनोदशा तो ऐसी नहीं कि दूसरे में परमात्मा हम सतत देख सकें। क्षणभर को झलक मिलती है और खो जाती है, फिर घुप्प अंधेरा हो जाता

है। और जब दूसरे में परमात्मा हमें नहीं दिखाई पड़ेगा, तो उस झलक के आधार पर जो संबंध हमने निर्मित किया था, वह बिखरित हो जाएगा।

इसलिए पश्चिम में इतना ज्यादा तलाक है। क्योंकि पश्चिम में समाज विवाह को तय नहीं कर रहा है, बच्चे स्वयं तय कर रहे हैं। सौ विवाह इस वर्ष होंगे, तो उसमें से पच्चीस अगले वर्ष टूट जाएंगे। जो पचहत्तर चलते हैं, वे भी मजबूरी में चलते मालूम पड़ते हैं। अन्य कारणों से चलते मालूम पड़ते हैं, प्रेम के कारण नहीं। बच्चे हैं, नौकरी है, अकेलापन है, छोड़ने में मजबूरी है, छोड़ने में सम्मान को धक्का लगता है, इन सब कारणों से टिकते हैं।

तो जो विवाह समाज तय करता है, वह बड़ा टिकाऊ है। पहली बात। और टिकाऊ वह इसीलिए है कि उसमें कोई प्रेम की ऊंचाई नहीं है, उसमें गणित का समतल जगत है। उसमें हिसाब को प्रधानता है, भावना को नहीं। समाज जब तय करता है तो बुद्धि से तय करता है, उसमें हृदय को स्थान नहीं। और हृदय भरोसे योग्य नहीं है, क्योंकि हृदय इस क्षण कह सकता है हां और दूसरे क्षण कह सकता है न।

हृदय की थिरता तो केवल समाधिस्थ पुरुषों को उपलब्ध होती है। बुद्धि का तो तर्क और गणित है, उसकी थिरता तो सभी को उपलब्ध हो सकती है। इसलिए बुद्धि को शिक्षित किया जा सकता है, विद्यालय, विश्वविद्यालय, परीक्षाएं; लेकिन हृदय का न कोई विद्यालय है, न कोई विश्वविद्यालय है, न कोई परीक्षाएं हैं। हृदय को शिक्षित नहीं किया जा सकता।

हृदय पारे की भांति है, उसे पकड़ा नहीं जा सकता। हृदय को तो पकड़ने में वे ही सफल हो पाते हैं, जो समाधिस्थ हुए, जो लीन हो गए, जिनका अहंकार संपूर्ण रूप से समाप्त हो गया। उनका हृदय समाधिस्थ होता है। ऐसे समाधिस्थ हृदय से जो प्रेम उठता है, वह तो सनातन है, शाश्वत है। उसका कभी कोई अंत नहीं होता।

पर ऐसा प्रेम तो कभी उठेगा किसी राम को, किसी सीता को। ऐसे प्रेम का आसरा लेकर समाज नहीं चलाया जा सकता। और इसको हम आधार मानकर चलेंगे, तो अधिक लोग दुखी हो जाएंगे, पीड़ित हो जाएंगे। तो समाज-आयोजित विवाह है। अनुभव, समझ, गणित, सभी आयोजित विवाह के पक्ष में हैं। उससे चीजें टिकती हैं। माना कि आकाश नहीं छुआ जा सकता, लेकिन पृथ्वी पर पैर जमे रहते हैं। कोई बहुत आनंद की वर्षा भी नहीं होगी, लेकिन सुख-दुख का छोटा-सा झरना सदा बहता रहता है।

वे जो आनंद की वर्षा की आकांक्षा करते हैं, उसमें से सौ में से निन्यानबे, अक्सर दुख के मरुस्थल में खो जाते हैं। वे जो थोड़े से सुख-दुख के झरने पर राजी हैं, उन्हें न तो कभी आकाश मिलता है आनंद का और न कभी दुख का मरुस्थल मिलता है। वे जीवन को चला लेते हैं। उनके जीवन में सुख-दुख दो चाक बन जाते हैं और उनकी गाड़ी चल जाती है। और उस चलती गाड़ी का हमने नाम जीवन दे रखा है।

आयोजित विवाह टिकाऊ होगा, स्थायी होगा, उसमें महासुख न होंगे, उसमें महादुख भी न होंगे। न वह प्रेम के कारण बना है, न प्रेम के खोने पर टूटेगा। और जब प्रेम के कारण बना ही नहीं है, तो प्रेम के खोने का सवाल नहीं है। वह एक सामाजिक संस्था है। हजारों साल के अनुभव के बाद, हृदय को हम मौका नहीं देते हैं और बुद्धि से तय करते हैं। विवाह बुद्धि का निर्णय है।

लेकिन प्रेम बिलकुल अनूठी बात है, उसका बुद्धि से कोई संबंध नहीं। प्रेम का विचार से कोई संबंध नहीं। जैसा ध्यान निर्विचार है, वैसा ही प्रेम निर्विचार है। और जैसे ध्यान बुद्धि से नहीं सम्हाला जा सकता, वैसे ही प्रेम भी बुद्धि से नहीं सम्हाला जा सकता।

ध्यान और प्रेम करीब-करीब एक ही अनुभव के दो नाम हैं।

जब किसी दूसरे व्यक्ति के संपर्क में ध्यान घटता है, तो हम उसे प्रेम कहते हैं। और जब बिना किसी दूसरे व्यक्ति के; अकेले ही प्रेम घट जाता है, तो उसे हम ध्यान कहते हैं। ध्यान और प्रेम एक ही सिक्के के दो पहलू हैं। ध्यान और प्रेम एक ही दरवाजे का नाम है, दो अलग-अलग स्थानों से देखा गया। अगर बाहर से देखोगे, तो दरवाजा प्रेम है। अगर भीतर से देखोगे, तो दरवाजा ध्यान है। जैसे एक ही दरवाजे पर बाहर से लिखा होता है एंट्रेन्स, प्रवेश; और भीतर से लिखा होता है एग्जिट, बहिर्गमन। वह दरवाजा दोनों काम करता है। अगर बाहर से उस दरवाजे पर आप पहुंचे, तो लिखा है प्रेम। अगर भीतर से उस दरवाजे को अनुभव किया, तो लिखा है ध्यान।

ध्यान अकेले में ही प्रेम से भर जाने का नाम है और प्रेम दूसरे के साथ ध्यान में उतर जाने की कला है।

कभी कोई पहुंच पाएगा। क्योंकि कितने कम ध्यानी हैं! उतने ही कम प्रेमी होंगे। ध्यानियों के हिसाब से हम दुनिया नहीं चलाते, प्रेमियों के हिसाब से भी नहीं चला सकते। इसलिए ध्यानी और प्रेमी, दोनों दुनिया की आंखों में पागल हैं। ध्यानी और प्रेमी, दोनों को दुनिया अंधा कहती है। इन्हें कुछ सूझता नहीं।

असल में आंखें हैं बुद्धि के पास। और बुद्धि सोचती है, बस उसके ही पास आंखें हैं। हृदय के पास कोई और आंखें हो सकती हैं, इसका बुद्धि को पता भी नहीं। और पता भी हो जाए तो भरोसा नहीं। क्योंकि हृदय जीता है पल-पल, क्षण-क्षण। हृदय एक सहज धारा है।

हृदय हिसाब नहीं रखता अतीत का कि कल क्या हुआ, परसों क्या हुआ। बुद्धि हिसाब रखती है पूरे अतीत का और अतीत के आधार पर निर्णय लेती है वर्तमान में। जो जीवन में जाना है, उस पूरे को मौजूद करके आज क्या करना है, उस संबंध में निर्णय लेती है। हृदय के पास कोई संगृहीत संपदा नहीं है। हृदय निर्भार है, हृदय का कोई अतीत नहीं है, उसकी कोई स्मृति नहीं है। वह इसी क्षण झटके से निर्णय लेता है। वह कुछ सोचता-विचारता नहीं। वह अतीत में नहीं जाता। वह अनुभव को बीच में नहीं लाता। वह स्मृति का प्रयोग नहीं करता। उसका जो प्रतिसंवेदन है, रिस्पांस है, वह इसी पल है, नया और ताजा है। हृदय सदा, जैसे सुबह की ओस ताजी होती है, ऐसा ताजा है।

बुद्धि सदा बासी है। हृदय सदा ताजा है। जैसे वसंत में नई कोंपल फूटती है वृक्ष से, ऐसा ताजा है। बुद्धि सदा पुरानी है, सड़ी-गली है। बुद्धि सदा खंडहर है। हृदय सदा यहां और अभी है। इसलिए हृदय बुद्धि की दृष्टि में अंधा और पागल है।

प्रेमी और ध्यानी ज्यादा नहीं हैं, ज्यादा हो भी नहीं सकते। ध्यानियों के संबंध में तो हम भी मानते हैं कि ज्यादा नहीं हैं, लेकिन प्रेमियों के संबंध में हम नहीं मानते। प्रेमी तो हम सभी समझते हैं, हम सब हैं। लेकिन मैं आपसे कहता हूं, इस भ्रांति को छोड़ दें। जितने न्यून ध्यानी हैं, उतने ही न्यून प्रेमी हैं। क्योंकि प्रेम भी ध्यान की ही एक घटना है। और जैसे बुद्ध,

महावीर, कृष्ण और क्राइस्ट, इने-गिने ध्यानी हुए, ऐसे ही इने-गिने प्रेमी हुए हैं। सीता, राधा या मीरा, इने-गिने प्रेमी हुए हैं।

जिस कामवासना को आप प्रेम समझते हैं, वह प्रेम नहीं है। और जिस कामवासना की दौड़ को आप समझते हैं, आपके जीवन का कोई बहुत महत्वपूर्ण कृत्य है, वह जरा भी महत्वपूर्ण नहीं है। वह सिर्फ प्रकृति के द्वारा संचालित प्रक्रिया है। वह प्रकृति के द्वारा आपको जबर्दस्ती दिया गया धक्का है। जिसमें प्रकृति संतति के लिए आपको नियोजित करती है।

बीज टूटते हैं, वृक्ष बनते हैं, वृक्षों में बीज लगते हैं। पक्षी गीत गाते हैं, आकर्षित करते हैं एक-दूसरे को, संभोग करते हैं, अंडे रखते हैं, बच्चे देते हैं। बस आप भी यही कर रहे हैं। मछलियों में, पक्षियों में, वृक्षों में, आप में, जहां तक कामवासना का संबंध है, कोई भी भेद नहीं है।

कामवासना प्राकृतिक घटना है। प्रेम अप्राकृतिक, अलौकिक, परा-प्राकृतिक घटना है। प्रकृति के बहुत पार है प्रेम। इसे खयाल में ले लें, और फिर समझने की कोशिश करें।

राम और सीता का प्रेम, प्रेम है, विवाह नहीं। और अगर बाल्मीकि की रामायण आपने पढ़ी है, अन्यथा पढ़नी चाहिए। क्योंकि बाल्मीकि के बाद फिर तुलसी और सबने रामायण लिखी हैं, लेकिन उन सब रामायणों में शुद्धता खो गई। बाल्मीकि की रामायण शुद्ध है। शुद्ध इसलिए है कि बाल्मीकि को न नीति की चिंता है, न धर्म की। बाल्मीकि ने रामायण वैसी कही है जैसे राम रहे होंगे।

तुलसी को बड़ी चिंता है राम की प्रतिमा को सम्हालने की। तो जो भी लगे कि इसमें कुछ नीति को कष्ट होगा, उस सबको गिरा दिया है। जिस बात में भी लगे कि राम की प्रतिमा में थोड़े धब्बे आ जाएंगे, उसको हटा दिया है।

तुलसी आदर्शवादी हैं। बाल्मीकि यथार्थवादी हैं, रिअलिस्ट। इसलिए बहुत सी तो बातें आपको बड़ा कष्ट देंगी बाल्मीकि में, क्योंकि आप सोच ही नहीं सकते कि राम और सीता के आस-पास ऐसी बात भी हो रही है।

राम पहुंचते हैं सीता की नगरी में, बगीचे में घूमते हैं, सीता को देखकर प्रेम में पड़ जाते हैं। यह हम सोच ही नहीं सकते। यह तो हम कहेंगे, यह तो एक आवारा लड़का भी यही करता है, किसी लड़की को देखा और प्रेम में पड़ जाता है। ये कोई ढंग राम के हैं? लेकिन राम का प्रेम हो गया विवाह के पहले। फिर विवाह तो उसी प्रेम की परिपूर्ति की यात्रा है।

सीता को भी प्रेम हो गया इस युवक को देखकर। ये दो हृदय मिल गए, समाज गवाही बाद में देगा। इन दो हृदयों के मिलने की घटना पहले घट गई है। और इसके बाद मेरी समझ है कि अगर सीता का किसी और से भी विवाह हो जाता, तो वह ऊपर ही ऊपर रहता। वह जो ताजगी, इन दो हृदयों के कुंआरेपन में जो प्रेम का जन्म हुआ था, वैसा कुंआरापन फिर किसी और प्रेम में नहीं हो सकता था। वह उधार होता, शरीर पर होता।

रावण भी सीता को ले जाता, तो सीता को कभी पा नहीं सकता था। वह पाने की घटना घट चुकी, वह कोई और व्यक्ति पा ही चुका था। राम किसी और से विवाह कर लेते, तो भी जो सीता से संगीत जन्मा था, उनके दोनों के हृदय के मिलने की जो अनायास घटना घटी थी, जो आकस्मिक हुआ था, अन-आयोजित हुआ था, वैसा फिर नहीं हो सकता था।

इस दिशा से राम और सीता को कभी अध्ययन नहीं किया गया है। क्योंकि हम प्रेम का अध्ययन ही नहीं करते, हम प्रेम से बचना चाहते हैं। यह राम का और सीता का प्रेम में पड़ जाना प्रथम घटना है। इसके बाद शेष सारा विकास हुआ है। और इसे हम न समझें, तो राम और सीता के जीवन में बड़ी व्यर्थ की झंझटें और प्रश्न खड़े होते हैं, जिनको हल करना मुश्किल हो जाता है।

एक पंडित मेरे पास आए। वे कृष्ण-भक्त हैं और राम-विरोधी हैं। सिर्फ पंडित ही ऐसा कर सकते हैं कि राम-भक्त हों कि कृष्ण-विरोधी हों, कि कृष्ण-भक्त हों कि राम-विरोधी हों, क्योंकि पंडित हमेशा पक्ष और विपक्ष में होगा। उसके पास हृदय तो नहीं होता है, जो समझ पाए। अगर समझ पाए तो राम और कृष्ण एक ही दिखाई पड़ेंगे।

उस पंडित ने मुझे कहा कि और सब तो ठीक है राम के जीवन में, लेकिन सीता का निष्कासन एक दो कौड़ी के आदमी, एक धोबी के कहने पर, एक सुनी हुई बात पर, एक अफवाह पर गर्भवती सीता को घर से निकाल देना, जंगल में फेंक देना, यह बात कुछ मर्यादा पुरुषोत्तम के योग्य मालूम नहीं पड़ती। इसमें प्रेम की बड़ी कमी मालूम होती है। तो राम राजपुरुष रहे होंगे, एक राजनीतिज्ञ रहे होंगे, लेकिन प्रेमी तो नहीं हैं। क्योंकि यह कैसा प्रेम?

जब मैंने उन पंडित को कहा कि मेरे देखे यह प्रेम की बड़ी अनूठी घटना है और सिर्फ प्रेमी ही यह कर सकता है, तो उनकी समझ में आना मुश्किल हो गया। मैं मानता हूं कि राम सीता को जंगल में फेंक सके, सिर्फ इसीलिए कि प्रेम इतना गहन है कि राम के मन में यह खयाल भी नहीं उठता कि सीता संदेह करेगी, कि सीता ऐसा भी सोच सकती है कि राम ने गलत किया। सीता इसे स्वीकार करेगी। यह प्रेम ऐसा अनन्य है। सीता समझेगी कि यही उचित है।

तो दुनिया में और सारे लोगों ने अनुचित का सवाल उठाया हो, लेकिन सीता ने नहीं उठाया है। राम के बच्चों ने, लव-कुश ने उठाया है, लेकिन सीता ने नहीं उठाया है। लक्ष्मण के मन में सवाल उठा है। जो भी रामायण पढ़ेगा उसको सवाल उठेगा ही कि यह बात क्या है, लेकिन सीता ने सवाल नहीं उठाया है। सीता ने स्वीकार कर लिया है।

जब हम किसी को प्रेम करते हैं, तो वह जैसा भी है, हम उसे वैसा पूरा स्वीकार कर लेते हैं। वह हमारे साथ जो भी करेगा, वह बुरा तो हो ही नहीं सकता। यह प्रेम की सहज निष्पत्ति है कि वह सारी दुनिया को बुरा दिखाई पड़े, लेकिन प्रेमी को बुरा दिखाई नहीं पड़ सकता।

प्रेमी अपने अहंकार को छोड़ ही चुका होता है। और राम सीता को भेज सकते हैं वनवास, क्योंकि यह सीता का भेजना नहीं, खुद का ही जाना है। यह भेद इतना भी नहीं रहा है।

इसलिए जब हम दूसरे को कुछ कष्ट दे रहे हों, तो विचार भी उठता है। जब अपने को ही किसी त्याग या कष्ट में ले जा रहे हों, तो विचार का कोई सवाल नहीं। सीता इतनी अपनी है राम को कि छोड़ने में उन्हें यह विचार नहीं उठा कि कुछ अनुचित हो रहा है। जैसे वे खुद एक दिन पिता के कहने पर जंगल चले गए थे, वैसे ही सीता भी जंगल चली जाती है। जहां प्रेम है, वहां प्रश्न नहीं है, वहां एक परम स्वीकृति है।

राम और सीता के बीच जो घटना घटी है, वह प्रेम की ही अनन्य घटना है। और पति-पत्नी होना गौण है। वह सामाजिक उपचार है। वह समाज की स्वीकृति है। वह मूल आधार नहीं है।

और सीता के मन में दूसरे पुरुष का सवाल नहीं उठेगा। जहां प्रेम की कमी है, वहा दूसरे का सवाल उठता है। और राम के मन में दूसरी स्त्री का प्रश्न नहीं उठेगा। जहां प्रेम की कमी है, जहां हम तृप्त नहीं हैं, अतृप्त हैं, वहीं दूसरा हमें आकर्षित करता है।

प्रेम एक अद्वैत है, जहां दूसरा बिलकुल...दूसरे का कोई सवाल ही नहीं। जिस दिन भी आप किसी के प्रेम में पड़ गए, उस दिन सारी स्त्रियां उस स्त्री में समा गईं, सारे पुरुष उस पुरुष में समा गए। फिर वह स्त्री प्रकृति है और आपका पुरुष पुरुष है और यह सारा जगत खो गया। और इसीलिए प्रेम की इतनी भूख है; और जब तक ऐसा प्रेम न मिल जाए, तब तक तृप्ति भी न होगी; तब तक आप कितने ही साथी बदलें। और बदल चुके हैं आप।

पश्चिम में वे जरा जल्दी में हैं, इसीलिए एक ही जीवन में बदलते हैं; आप इतनी जल्दी में नहीं, अलग-अलग जीवन में बदलें, बुनियादी कोई फर्क नहीं है।

इस देश में हमें पता है कि जन्मों-जन्मों की लंबी यात्रा है, कोई जल्दी नहीं है। एक जीवन, एक पत्नी; फिर दूसरे जीवन, दूसरी पत्नी, दूसरा पति बदलने की हमें सुविधा है। पश्चिम में चूंकि ईसाइयत ने कहा, एक ही जन्म है। इतनी सुविधा नहीं है। तो एक ही जन्म में उनको उतना काम करना पड़ता है, जो आप कई जन्मों में फैलाकर कर रहे हैं। उन्हें जल्दबाजी है, क्योंकि समय कम है। आपके पास समय बहुत है, इसलिए जल्दबाजी नहीं है। लेकिन कोई बुनियादी अंतर नहीं है।

एक सुंदर स्त्री को देखकर क्षणभर को आपको अपनी पत्नी खो जाती है, भूल जाती है। क्षणभर को आपके मन में वासना का धुआं भर जाता है। क्षणभर को आप इस स्त्री को भोगने को आतुर हो जाते हैं। चाहे राम-राम जपकर भुला देते हों, आंख बदल देते हों, भाग खड़े होते हों, पीछे लौटकर न देखते हों, लेकिन इस सबसे कोई फर्क नहीं पड़ता है। न तो आंख चुराई जा सकती है भीतर की वासना से, न राम-राम कहकर उसे दबाया जा सकता है। वह है। और वह तब तक रहेगी, जब तक आपके जीवन में प्रेम नहीं घटा।

और दो यात्राएं हैं : या तो प्रेम घट जाए और या ध्यान घट जाए। और दो तरह के व्यक्ति हैं, एक स्त्री का चित्त है, जहां प्रेम पहले घट सकता है, फिर ध्यान घटेगा। और एक पुरुष का चित्त है, जहां ध्यान पहले घटे, फिर प्रेम घटेगा। ये दो ढंग हैं। लेकिन कोई भी पहले घटे, दूसरा अनिवार्य-रूप से घटने वाला है। एक कदम उठ गया है, तो दूसरा भी उठेगा।

तो आप अपने को पहचान लें, अगर आपके जीवन में प्रेम से ही परमात्मा की खोज होने वाली है, और आपको लगता है कि ध्यान में मेरी कोई रुचि नहीं, प्रेम में ही मेरा रस है, तो आप ध्यान की व्यर्थ चेष्टा मत करें। आप प्रेम में ही डूबने का उपाय करें।

और इससे कोई फर्क नहीं पड़ता कि वह प्रेम किसका है। वह आपकी पत्नी का है कि आपके बच्चे का है कि आपकी गाय का है कि एक वृक्ष के साथ है, इससे कोई फर्क नहीं पड़ता। क्योंकि सवाल दूसरे का नहीं, सवाल प्रेम करने की प्रक्रिया का है। एक पत्थर से भी आप प्रेम कर लें, तो भी वही घट सकता है।

इसलिए ऐसा मत सोचना आप कि पत्थर की जो मूर्तियां रखी हैं, वे मूर्तियां सदा ही व्यर्थ रखी रही हैं। वहां भी कई बार प्रेम घट गया है। पत्थर की मूर्ति के पास भी भक्त ने भगवान को पा लिया है। क्योंकि पत्थर की मूर्ति का सवाल ही नहीं है, सवाल तो भीतर के हृदय का है।

भक्त को आप देखें, उसका व्यवहार देखें उसकी पत्थर की मूर्ति से, वैसा व्यवहार आपने किसी जीवित चिन्मय व्यक्ति के साथ भी नहीं किया है। उसकी चिंता, उसकी फिक्र। भगवान को सुबह उठाता है, उनके द्वार पर घंटी बजाता है। कहता है, उठो नंदकिशोर, सुबह हो गई। और हमें हंसी आएगी। क्योंकि हम यह सोच ही नहीं सकते कि यह क्या नासमझी है, क्या पागलपन है। पानी ले जाकर रखेगा कि दतौन करो, दतौन रखेगा, हाथ-मुंह धुलाएगा, उठाएगा, कपड़े बदलेगा। और लीन है, जैसे कोई मां अपने बच्चे की चिंता करती हो, कोई प्रेयसी अपने प्रेमी की चिंता करती हो, वैसा लीन है। और उस लीनता के क्षण में सारा जगत खो गया है, वह पत्थर की मूर्ति ही सारा अस्तित्व है। भोजन तैयार करेगा, भोग लगाएगा, तभी खुद प्रसाद ले सकेगा। सांझ होगी तो सुलाएगा, भगवान थक गए। दोपहर होगी तो द्वार बंद करेगा। रात होगी तो मच्छरदानी लगाएगा।

हमें लगेगा कि सब पागलपन है। और अगर एक मनोवैज्ञानिक को ले आएं जांच करने को, तो वह कहेगा, यह पैथालॉजिकल है। यह आदमी रुग्ण है, इसकी बुद्धि खराब हो गई, यह क्या कर रहा है? परवर्शन मालूम होगा, विकृति मालूम होगी, क्योंकि मनोविज्ञान को कोई भी पता नहीं प्रेमी के हृदय का।

इससे कोई भी संबंध नहीं कि प्रेम-पात्र कौन है। प्रेम-पात्र तो सिर्फ बहाना है। प्रेम-पात्र के बहाने के द्वारा भीतर प्रेम की सरिता जो अवरुद्ध पड़ी है, वह बह उठे, जो झरना रुक गया है, वह फिर झरने लगे, कहीं पत्थर अटक गए हैं, वे पत्थर हट जाएं। तो पात्र तो सिर्फ पत्थर हटाने का काम कर रहा है। झरना तो मेरे भीतर है। एक दफा बहने लगे, तो आप निश्चिंत होकर जान लेंगे कि इसका प्रेम-पात्र से कोई भी संबंध न था। यह झरना तो मेरा स्वभाव था। लेकिन मैंने ही पत्थर रख-रखकर झरने को रोक रखा था। प्रेम-पात्र ने सहायता दी और पत्थर हट गए और झरना निर्बाध बहने लगा।

तो अगर प्रेम आपका रस हो, तो पागल होने की तैयारी चाहिए। फिर किससे प्रेम, यह सवाल ही नहीं है। कृष्ण की मूर्ति काम दे सकती है, जीसस की मूर्ति काम दे सकती है, एक अनगढ़ पत्थर भी काम दे सकता है।

मैंने सुना है कि एक फकीर के पास एक आदमी गया और उस आदमी ने कहा, मुझे परमात्मा को खोजना है। और उस फकीर ने कहा, खोज बड़ी कठिन है और परमात्मा बड़ी छलांग है, पहले तुम थोड़ी छोटी-छोटी छलांगें भरना शुरू करो। उस आदमी ने कहा, वह कौन-सी छोटी छलांग है? उस फकीर ने कहा, तुम किसी को प्रेम करो। यह छोटी-छोटी छलांग का अभ्यास है। फिर परमात्मा प्रेम की आखिरी छलांग है, जिसमें तुम बिलकुल न बचोगे, खो जाओगे अनंत खाई में, फिर तुम्हारा नामोनिशान न बचेगा, फिर तुम्हारी राख भी खोजे से न मिलेगी। वह आखिरी छलांग है, उसको जरा रुको। शायद उतनी हिम्मत अभी तुम न जुटा पाओ, थोड़ी-थोड़ी छलांग लो, छोटे-छोटे गड्ढों में अभ्यास करो।

तो उस आदमी ने कहा, मेरा तो किसी से प्रेम नहीं। और मैं तो अब तक यही सोचता रहा कि ये पत्नी, बच्चे, इनसे कैसे छुटकारा हो ताकि मैं परमात्मा तक जाऊं। और मैंने तो कभी किसी की तरफ प्रेम भरी नजर से नहीं देखा, क्योंकि मैं डरता रहा कि प्रेम बंधन बन जाएगा।

निश्चित ही प्रेम बंधन बनता है। अगर भीतर अहंकार हो, तो प्रेम बंधन बनता है। अगर भीतर अहंकार न हो, तो बंधेगा कौन? हम सबको प्रेम बंधन बन जाता है, क्योंकि भीतर बंधने वाला मौजूद है। और प्रेम चारों तरफ से कसता है। और जब प्रेम कसता है, तो हम भीतर तड़फड़ाते हैं। लेकिन अगर भीतर मैं हूं, तो प्रेम तो हो ही नहीं सकता। इसलिए प्रेम के नाम पर जिसे हम चलाते हैं, वह मोह है, वासना है, तृष्णा है, कामना है। और अहंकार भीतर है, तो वासना, तृष्णा, मोह, सब बांध लेते हैं।

हमने वासना को पाशविक कहा है। लेकिन आपको शायद खयाल न हो कि पाशविक शब्द का अर्थ क्या होता है! पशु का क्या अर्थ होता है! पशु का अर्थ है, जो बंधा हुआ है। पाश का अर्थ होता है, बांधने वाला, बंधन। पशु का अर्थ होता है, जो बंधा हुआ है। पाशविक का अर्थ होता है, बंधने को तत्पर। पशु का अर्थ जानवर से नहीं है, जो भी बंधा है, वह पशु है। पाश उसके चारों तरफ है। और बंध वही सकता है, जो भीतर खड़ा है।

प्रेमी तो बंध ही नहीं सकता है। इसलिए प्रेम को जो जानते हैं, उन्होंने परम स्वतंत्रता कहा है। उन्होंने कहा, प्रेम मोक्ष है, क्योंकि प्रेम में तुम मिट जाओगे, बंधेगा कौन? अगर पाश होंगे भी, तो शून्य में भटकते रहेंगे, बंधेगा कौन? और शून्य को तुम पाश से बांधने की कोशिश करोगे, तो तुम्हारे पाश में ही गांठ पड़ जाएगी, लेकिन भीतर तो कोई पाया नहीं जा सकता है।

तो उस आदमी ने कहा कि मैं तो बचता रहा प्रेम से, क्योंकि प्रेम पाश है, और प्रेम बंधन है। और यह तुम मुझे क्या सिखाते हो! तो मैंने तो कभी किसी को प्रेम किया नहीं।

उस फकीर ने कहा, फिर भी सोचो, क्योंकि ऐसा आदमी खोजना कठिन है—चाहे उसने बचाने की कितनी ही चेष्टा की हो—जिसने वस्तुतः किसी को कभी प्रेम न किया हो। यह खोजना ही कठिन है, क्योंकि प्रेम स्वभाव है। तुम जरा सोचो, आंख बंद करो।

उस आदमी ने बहुत सोचा। उसने कहा कि अगर ऐसा ही हो, तो मेरे पास एक गाय है, उससे मेरा थोड़ा लगाव है। तो फकीर ने कहा, बस पर्याप्त है। गाय ही तुम्हारा पहला अभ्यास हो जाएगी छलांग में। तुम जाओ और गाय को हृदयपूर्वक प्रेम करो। गाय तुम्हारी स्मृति में समा जाए, रोएं-रोएं में बैठ जाए। उठो तो गाय, बैठो तो गाय, चलो तो गाय, तुम गायमय हो जाओ। उस आदमी ने कहा, आप भी मुझे क्या पागलपन बता रहे हैं! दुनिया क्या कहेगी? और यह बात ही उन्मत्तता की मालूम पड़ती है!

फकीर ने कहा, प्रेम सदा उन्मत्तता है। और जो मस्त होने को तैयार हैं, केवल उन्हीं पर परमात्मा प्रेम की तरह बरसता है। तुम जाओ, कोशिश करो।

और कहते हैं, उस आदमी ने गाय से ही परमात्मा को पा लिया। फिर वह पूछने नहीं आया फकीर को वापस कि अब और कहां छलांग लगाऊं। वह गाय में देख-देखकर, गाय की आंख में डूब-डूबकर, उसे परमात्मा की आंख स्मरण आ गई।

और गाय के पास आंख है भी। इसलिए हिंदू गाय को माता कहते रहे हैं। गाय के पास जैसी निर्विकार आंख है। वैसी कहीं भी खोजनी कठिन है। आदमी की आंख भी वैसी निर्विकार नहीं। जैसा शुद्ध, जैसे आकाश बिलकुल निरभ्र हो, बादल बिलकुल न हों। गाय की आंख के पास बैठकर कभी देखने की कोशिश करें। और अगर आपके हृदय में प्रेम हो,

तो तत्क्षण गाय के हृदय का प्रेम उठना शुरू हो जाएगा। क्योंकि गाय पर न तो समाज के कोई बंधन हैं, और न गाय को कोई नीति की शिक्षा दी गई है, न गाय को कोई अपना-पराया है, न गाय के पास कोई बुद्धि है, जो हिसाब रखती है, गणित लगाती है, सोच-विचारकर चलती है। गाय तो शुद्ध हृदय है। अगर आपके भीतर प्रेम है, तो गाय तत्क्षण प्रेम की तरंगें आपकी तरफ भेजने लगेगी।

आप चकित होंगे, अभी पश्चिम में बड़ा काम चलता है पौधों के ऊपर। गाय तो बहुत दूर, वे कहते हैं, जब आप पौधे के प्रति भी प्रेम-पूर्ण खड़े होते हैं तो पौधा प्रेम की तरंगें भेजना शुरू कर देता है। एक वैज्ञानिक, जो इस संबंध में बड़ा काम कर रहा था, उसने यंत्र खोज रखे हैं। विद्युत के यंत्र हैं, जो पौधे से बांध दिए जाते हैं। और जैसा कार्डियोग्राम में नक्शा बन जाता है, ग्राफ बन जाता है कागज पर कि हृदय कैसा धड़क रहा है, ऐसा पौधे के भीतर विद्युत की तरंगें कैसी धड़क रही हैं, उसका ग्राफ बन जाता है।

तो उसने देखा कि जब पौधे को प्रेम करने वाला पास खड़ा हो व्यक्ति, जो उसे सहला रहा हो, जो उसके कारण प्रसन्न हो रहा हो, तो अलग ग्राफ बनता है। पौधा प्रफुल्लित है, वह ग्राफ से पता चलता है। माली कैंची लेकर आता है, ग्राफ फौरन बदल जाता है। अभी माली काटा भी नहीं है, सिर्फ कैंची लेकर आ रहा है, और ग्राफ बदल गया। और जैसे ही माली काटता है, तो न केवल जिस पौधे को काट रहा है, उसका ग्राफ बदलता है, जो पौधे पास हैं, उनका भी ग्राफ बदल जाता है। क्योकि वे भी उसकी पीड़ा को अनुभव करते हैं।

यह वैज्ञानिक बहुत हैरान हुआ कि न केवल पौधा काटा जाए तो दूसरे पौधे को पीड़ा होती है और उसकी पीड़ा के ग्राफ बनते हैं, अगर आप पौधे के पास एक मुर्गी की गरदन मरोड़ दें, तो भी सारे पौधे रोते हैं, और उनके ग्राफ बदल जाते हैं।

यही नहीं, उस वैज्ञानिक ने यह भी अनुभव किया कि जो आदमी पौधों को नुकसान पहुंचाए या मुर्गी को मार डाले, वह दूसरे दिन भी आए, तो उसके कमरे में प्रवेश करते से ही, बगीचे में आते से ही, ग्राफ बदल जाते हैं। क्योंकि पौधे सचेत हैं, एक बुरा आदमी भीतर आ रहा है। महीनों के बाद भी उस आदमी के प्रवेश पर पौधे शंकित हो जाते हैं कि यह आदमी अच्छा नहीं है।

तो पौधे तो और भी कम विकसित जीवन-धारा के अंग हैं। अगर आप गाय को प्रेम कर सकें और उसकी आंख में झांक सकें, तो उसकी आंख वह द्वार हो जाएगी, जिसमें बाहर से लिखा है प्रेम और भीतर से लिखा है ध्यान।

किसी को भी प्रेम कर सकें, अगर प्रेम आपके जीवन का ढंग है, अगर लगता है कि प्रेम आपकी प्यास है, तो उसमें डूब जाएं। पर पूरे डूबें, तो ही उबर सकेंगे। बचाने की कोशिश की, तो फिर न उबर पाएंगे।

या आपको लगे कि नहीं प्रेम मेरा रस नहीं—ऐसे लोग हैं, जिनका प्रेम रस नहीं—तो उन्हें कुछ दुखी और चिंतित और निराश हो जाने की जरूरत नहीं। ध्यान उनका मार्ग है। तब वे अकेले हों और अपने में डूबें। अगर दूसरे में नहीं डूब सकते, तो अपने में डूबें। अगर अपने में नहीं डूब सकते, तो दूसरे में डूबें। डूबने के दो ही ढंग हैं। या तो अपने में ही लीन हो जाएं या दूसरे में लीन हो जाएं।

महावीर अपने में लीन होते हैं। इसलिए महावीर कहते हैं, कोई परमात्मा नहीं। परमात्मा की कोई जरूरत नहीं ध्यानी को, क्योंकि ध्यानी को दूसरे की ही जरूरत नहीं है। परमात्मा तो दूसरा है, मुझसे अन्य। इसलिए महावीर कहते हैं, परमात्मा की कोई जरूरत नहीं। अप्पा सो परमप्पा! वे कहते हैं, वह जो भीतर छिपा है, आत्मा है, वही परमात्मा है और कोई परमात्मा नहीं है।

यह कोई नास्तिकता नहीं है। यह ध्यानी का वक्तव्य है।

और प्रेमी इससे बड़े परेशान हो जाते हैं, क्योंकि वे समझते हैं कि यह आदमी नास्तिक है। मीरा सुने तो नाराज हो जाए; सीता सुने तो नाराज हो जाए; चैतन्य महाप्रभु सुनें तो कहें, यह क्या बात हुई! यह आदमी नास्तिक है।

महावीर नास्तिक नहीं हैं। यह ध्यानी की आस्तिकता है।

और महावीर सुनेंगे मीरा को आंसू बहाते और नाचते और कहते कि मेरा तो गिरधर गोपाल, दूसरा न कोई रे, तो महावीर कहेंगे, यह क्या हो रहा है? यह क्या पागलपन है? यह क्या मोह-जाल है? यह क्या मन का खेल है? महावीर इसे धर्म न कह पाएंगे। क्योंकि यह प्रेमी का धर्म है, यह प्रेमी की आस्तिकता है।

प्रेमी की आस्तिकता, ध्यानी को सदा ही कुछ उन्मत्त, कुछ पागल, कुछ गलत बात मालूम पड़ेगी। ध्यानी की आस्तिकता प्रेमी को सदा नास्तिकता मालूम पड़ेगी।

इसलिए हिंदुओं ने जैन, बौद्ध और चार्वाक, तीनों को एक साथ नास्तिक परंपराएं गिनाया है। चार्वाक तो ठीक है, लेकिन उसमें जैन और बौद्ध भी गिनाए, ये तीन संप्रदाय नास्तिक हैं।

उसका कारण है, प्रेमी सोच ही नहीं सकता कि अपने में कैसे डूबोगे? यह अपने में डूबना तो ऐसे ही हुआ, जैसे कोई अपने ही पैरों को पकड़कर उठाने की कोशिश करे। अपने में कैसे डूबोगे? यह अपने में डूबना तो ऐसे ही हुआ, जैसे कोई चमीटे से उसी चमीटे को पकड़ने की कोशिश करे। यह अपने में कोई कैसे डूब सकता है? डूबने के लिए कुछ तो और चाहिए। कोई अन्य चाहिए। वह अन्य ही परमात्मा है, जिसमें हम डूब सकेंगे।

लेकिन ध्यानी कहता है कि जब तक दूसरा है, तब तक थोड़ा न बहुत तनाव बना ही रहेगा। दूसरे की चिंता, दूसरे का विचार, प्रार्थना, पूजा, तो मन जारी ही रहेगा। जब तक दूसरा है, तब तक डूबोगे कैसे? जब तक दूसरा है, उसकी मौजूदगी भी डूबने में थोड़ा-सा अंकुश बनी रहेगी। दूसरा बिलकुल नहीं है, तभी तुम डूबोगे, तभी डूबना पूरा होगा।

वे दोनों ही ठीक कहते हैं। और मेरे देखे, ये एक ही दरवाजे के दो नाम हैं।

राम और सीता के बीच अनन्य प्रेम घटा है। किसी और साधना की जरूरत न रही। कुछ और करना आवश्यक न रहा, बस प्रेम ने सब कर दिया है। यह प्रेम इतना अनूठा था कि हिंदुओं ने राम के नाम को पीछे कर दिया और सीता के नाम को आगे कर दिया। हिंदू कहते हैं, सीता-राम। क्योंकि राम फिर भी पुरुष हैं, उनके प्रेम में ध्यान की छाया होगी। सीता स्त्री है, उसके ध्यान में भी प्रेम होगा। तो प्रेमियों ने नाम ही आगे-पीछे कर दिया।

सिर्फ हिंदू अकेली जाति है, जो सीता-राम कहती है, राधा-कृष्ण कहती है। क्योंकि हिंदुओं का सारा मनोभाव प्रेम के द्वार से विकसित हुआ है। यहां ध्यानी भी हुए हैं, लेकिन ध्यानी हिंदू-धारा के बाहर पड़ गए हैं। हिंदू-धारा का मूल-सूत्र प्रेम है।

तो बुद्ध यहां हुए, महावीर यहां हुए, पतंजलि यहां हुए, लेकिन वे हिंदू-धारा के बाहर फिंक गए। वे मूल-स्रोत नहीं बन सके। वे इस परंपरा की प्रमुख धारा नहीं हैं। आनुषंगिक, छोटे झरने हैं, जो इसके साथ बह रहे हैं। हिंदू विचार को जिसे भी समझना हो, उसे प्रेम की अल्केमी को पूरा समझ लेना जरूरी है।

यह जो राम और सीता के बीच घटा है, यह आपके और किसी के भी बीच घट सकता है। तो आप यह मत सोचना कि कहां खोजें राम को, कि कहां खोजें सीता को, और अब यह मिलना कहां होगा?

अगर आपने ऐसा सोचा, तो शुरू से ही आप गलत तर्क में पड़ गए। असल में जब भी आप किसी को प्रेम करेंगे, वहीं सीता आपको मिल जाएगी; जब भी आप किसी को प्रेम करेंगे, वहीं राम मिल जाएगा। क्योंकि कोई भी प्रेयसी इससे कम में तो राजी हो ही नहीं सकती कि अपने प्रेमी को राम देखे। इससे कम में राजी नहीं हो सकती।

तो जो हम कहते रहे हैं कि पति परमात्मा है, पतियों ने भला उसका लाभ उठाया हो, चाहे उससे भारी नुकसान हुआ हो, चाहे उसके कारण स्त्रियों का बड़ा शोषण किया गया हो, दमन किया गया हो, लेकिन बात में तो मौलिक सत्य है। जब भी आप किसी को प्रेम करते हैं, तो तत्क्षण मनुष्य खो जाता है और परमात्मा प्रगट हो जाता है। प्रेम जैसे छैनी है, जो पत्थर से मूर्ति को प्रगट कर देती है। जैसे प्रेम पर्दे को हटा देना है। आप पर जो मनुष्यता है, वह पर्दा है। प्रेमी उसे हटा देता है और आपके भीतर छिपे हुए चिन्मय-स्वरूप को देख लेता है। आपका जो स्त्री या पुरुष होना है, वह एक ऊपर का रूप है, एक औपचारिकता है। उसे प्रेमी हटा देता है और सीता प्रगट हो जाती है।

तो आप सीता को खोजने अयोध्या मत चले जाना। और सीता को खोजने अतीत में भी जाने की कोई जरूरत नहीं है। और राम के लिए बैठने से नहीं चलेगा। अगर प्रेम है, तो जहां भी प्रेम का प्रकाश पड़ेगा, वहीं राम दिखाई पड़ना शुरू होगा, वहीं सीता प्रगट हो जाएगी।

प्रत्येक व्यक्ति को ठीक से समझ लेना जरूरी है कि मेरी प्यास क्या है? बड़े से बड़ा कठिन काम यही है कि हम ठीक से अपनी प्यास समझ लें। नहीं तो प्रेमी ध्यान करता रहे, व्यर्थ समय जाएगा; ध्यानी प्रेम का उपाय करता रहे, व्यर्थ समय जाएगा। क्योंकि पूरे वक्त भीतर से विरोध बना रहेगा।

महावीर को ले जाएं हम रासलीला में, विरोध बना रहेगा। महावीर के मन में प्रतिरोध चलता ही रहेगा कि यह सब व्यर्थ हो रहा है। कि हम कहें चैतन्य महाप्रभु को कि बैठ जाओ बुद्ध के वृक्ष के पास तुम भी आंख बंद करके, उनको मंजीरा और ढोलक याद आते रहेंगे। ढोलक और मंजीरे के बिना कैसा बोधि-वृक्ष? वह बोधि-वृक्ष चैतन्य के लिए नहीं है।

और इन दोनों के बीच, मैं आपसे कहता हूं, कोई विरोध नहीं है। अपने-अपने ढंग हैं। और हर व्यक्ति का अपना अनूठा ढंग होता है जिससे वह यात्रा करता है। परमात्मा तक हम सब अद्वितीय ढंग से पहुंचते हैं। और जब भी कोई चेतना परमात्मा के पास पहुंचती है, तो ऐसी घटना पहले कभी नहीं घटी होती। यह पहली दफा घटती है और आखिरी दफा घटती है। और यही महिमा है कि इस जगत में कोई पुनरुक्ति नहीं होती। और इस जगत का जो आत्यंतिक अनुभव है, वह तो पुनरुक्त हो ही नहीं सकता। हर व्यक्ति जब परमात्मा के

निकट पहुंचता है, तो ऐसी घटना न तो कभी पीछे घटी होती है और न आगे घटने वाली होती है। यह मिलन सदा ही अद्वितीय और बेजोड़ होता है।

अपनी नियति को पहचानें, अपने रस को। फिर प्रेम या ध्यान की विधि को चुन लें। अगर कठिन हो और लगता हो कि कुछ समझ में नहीं आता, विभ्रम बना रहता हो, तो प्रेम से शुरू करें। पहले प्रेम का प्रयोग करें। अगर असफल हो जाएं, तो ध्यान का प्रयोग करें। अगर लगता हो कि ध्यान ही मेरा मार्ग है, तो ध्यान का प्रयोग करें। असफल हो जाएं, तो प्रेम का प्रयोग करें। और इस दिशा में कोई भी असफलता असफलता नहीं है। क्योंकि अगर ध्यान में असफल भी हुए, तो जितना भी ध्यान आ जाएगा, वह प्रेम में काम पड़ेगा। अगर प्रेम में असफल हुए, तो जितना प्रेम आ जाएगा, वह ध्यान में काम पड़ेगा।

इस जगत में कोई भी, परमात्मा का जो सृजन का क्रम है, उसमें कोई भी पत्थर व्यर्थ नहीं जाता। सब पत्थर काम में आ जाते हैं। अस्वीकृत पत्थर भी भवन में काम आ जाते हैं। और कभी-कभी तो ऐसा होता है, अस्वीकृत पत्थर ही भवन की बुनियाद बनते हैं।

प्रश्न :

भगवान, आपके किसी प्रवचन में दुर्वासा ऋषि का जिक्र आया है।
एकाग्रता की परिणति को विक्षिप्तता की अवस्था के उदाहरण के रूप में दुर्वासा ऋषि बताए गए हैं।
पर त्राटक में एकाग्रता का ही भाव रहता है।
इन दोनों में क्या फर्क है, कृपा करके बताएं।

परंपरागत जो त्राटक है, त्राटक की जो परंपरागत धारणा है, वह तो एकाग्रता की ही है। और एकाग्रता से शक्ति पैदा होती है, सिद्धियां अर्जित होती हैं, लेकिन जो परम विश्रांति की हमें खोज है, उस परमात्मा से मिलन नहीं होता। एकाग्रता अहंकार का ही अंग और विस्तार है। तुम मिटते नहीं, तुम और मजबूत हो जाते हो। तुम पिघलते नहीं, तुम और बर्फ की तरह जम जाते हो। तुम्हारी शक्ति तो बढ़ जाती है, तुम्हारा आनंद नहीं।

लेकिन जिसे मैं त्राटक कह रहा हूं, वह एकाग्रता का प्रयोग नहीं है, वह केवल देखने का प्रयोग है, जस्ट लुकिंग। फर्क को समझ लें। त्राटक का अर्थ होता है, किसी एक बिंदु पर—सूर्य पर, मूर्ति पर, बिंदु पर—किसी भी चीज पर अपने सारे मन को एकजुट लगा देना है। मन को कर लेना है संकीर्ण कि मन यहां-वहां न भागे। मन की सब धाराएं एक तरफ मुड़ जाएं। मन एक बिंदु की तरफ बहता हुआ रह जाए। जरा-सी भी चेतना की किरण यहां-वहां न बिखरती हो। बिना बिखरे सब एक बिंदु पर आकर टिक जाए। चेष्टा एक बिंदु पर टिकाने की है। मन को बांध-बांधकर, पकड़-पकड़कर एक जगह बिठाने की है।

जिसे मैं त्राटक कहता हूं, वह सिर्फ नाम-मात्र को त्राटक है, इस अर्थ में। मैं त्राटक कहता हूं कि तुम भीतर खाली हो जाओ। मन को पकड़-पकड़कर मेरी तरफ लाने की जरूरत

नहीं, तुम भीतर खाली हो जाओ, सिर्फ मेरी तरफ देखो। इस देखने में तुम भीतर कोई उपाय मत करो। इस देखने में तुम खाली, शांत खड़े हो जाओ और सिर्फ देखो। आंख तुम्हारी अपलक मेरी तरफ हो। आंख के द्वारा तुम्हें मेरे तक नहीं आना है, आंख के द्वारा मैं तुम तक आऊंगा। आंख तुम्हारा द्वार है। लेकिन अगर भीतर तुम अतिशय भरे हो, तो जगह नहीं है। तुम भीतर अगर खाली हो और तुम्हारा सिंहासन रिक्त है, तो तुम्हारी खाली आंखों के द्वार से मैं प्रवेश कर सकता हूं।

परंपरागत त्राटक में, साधक अपनी चेतना को बिंदु तक ला रहा था, इस त्राटक में साधक कहीं भी नहीं जा रहा है, सिर्फ अपने भीतर खाली हो रहा है। और आंखों को खुली रखे, ताकि मैं उसके भीतर आ सकूं। यह बिलकुल बुनियादी रूप से भिन्न है।

और यह जो सिर्फ देखने की प्रक्रिया है, बड़ी अनूठी है। क्योंकि जब तुम सिर्फ देखते हो, त्राटक करने की चेष्टा भी नहीं करते—क्योंकि उस करने में भी देखना अशुद्ध हो जाएगा, विचारों की तरंगें चित्त में आ जाएंगी—जब तुम सिर्फ देखते हो, तो तुम्हारी आंखें आकाश की तरह कोरी हो जाती हैं। जब तुम कुछ देखने की कोशिश नहीं करते, मात्र देखते हो, तो तुम भीतर एकदम शांत, तनावरहित हो जाते हो।

कभी जमीन पर लेटकर आकाश की तरफ सिर्फ देखो। सोचो मत। आकाश में बादल बन रहे हों तो उन बादलों में मूर्तियां मत देखो, हाथी-घोड़े मत देखो, कुछ सोचो मत। तुम सिर्फ देख रहे हो। तुम्हारी आंखें जैसे आंखें नहीं, बल्कि कैमरे का लेंस हैं, जो कुछ सोच नहीं रहा, सिर्फ देख रहा है। जो भी गुजर रहा है, तुम एक दर्पण की भांति लेटे हो। दर्पण से जो भी गुजरेगा, दिखाई पड़ेगा। लेकिन दर्पण सोचता नहीं कि बादल काला है कि सफेद है, कि ऐसा होना था कि नहीं होना था, कि क्यों बादल आ गए हैं! क्या वर्षा होने के करीब है? कुछ मत सोचो, तुम सिर्फ देखते रहो। सिर्फ आंखें खुली रखो, झपको मत।

तुम थोड़ी ही देर में पाओगे कि बाहर का आकाश तुम्हारे भीतर प्रवेश कर गया। जल्दी ही तुम पाओगे कि भीतर का आकाश और बाहर का आकाश एक महाआकाश बन गए। उनके बीच की जो छोटी सी पतली दीवाल थी, वह तिरोहित हो गई। तब तुम पाओगे, कौन बाहर, कौन भीतर? भीतर कहां है, बाहर कहां है? कहां भीतर समाप्त होता है और कहां बाहर शुरू होता है? सब सीमाएं खो गईं। तुम भी आकाश हो।

ठीक ऐसा ही प्रयोग है मेरे त्राटक का प्रयोग। मैं इधर शून्य बैठा हूं। तुम उधर भरे बैठे हो, मिलना कैसे हो? मैं यहां बहने को उत्सुक, तुम्हारा पात्र वहां उलटा रखा है। मैं यहां तत्पर कि सब तरफ से तुममें प्रवेश कर जाऊं, लेकिन तुमने कहीं कोई रंध्र भी नहीं छोड़ी है। तुमने सब तरफ दीवाल मजबूत सीमेंट-कांक्रीट की बना रखी है। तुम तड़फते हो, चिल्लाते हो, तुम्हारी प्यास मुझे सुनाई पड़ती है, तुम्हारी पीड़ा मुझे दिखाई पड़ती है, तुम्हारी खोज ईमानदारी से भरी है, लेकिन तुम अपने ही बनाए हुए घेरे में बंद हो गए हो।

और तुम्हारी कठिनाई यह है कि तुमने अपने कारागृह को अपना निवास-स्थान समझ रखा है। और तुमने अपनी जंजीरों को आभूषण मान रखा है। तुम उन्हें सम्हालते हो। तुम डरते हो, कहीं वे चोरी न चली जाएं। तुम उन्हें बचाते हो, तुमने सब तरह के पहरे लगा रखे हैं। तुमसे बड़ा तुम्हारा और कोई दुश्मन नहीं है।

फिर भी तुम्हारी पीड़ा सच है। तुम तड़फते हो, उसमें कुछ झूठ नहीं है। तुम बाहर निकलना चाहते हो, वह आयोजन, वह आकांक्षा भी है। लेकिन तुम्हें यह पता नहीं कि बाहर निकलने में तुम ही बाधा डालते हो। तुम उस आदमी की भांति हो, जो दौड़ना चाहता हो लेकिन अपने पैरों में जंजीरें बांध रहा हो। और शायद सोचता हो कि जंजीरें बांधने से पैर मजबूत होंगे और मैं ठीक से दौड़ सकूंगा। तुम अपने ही विपरीत बहुत से कृत्यों में लगे हो।

यही मनुष्य का दुख है। वह सोचता है कि जो मैं कर रहा हूं, वह हितकर है। और उससे अकल्याण सिद्ध होता है। और जब तक तुम्हें यह साफ न हो जाएगा, तब तक तुम्हारी पीड़ा का कोई अंत नहीं हो सकता।

एक बात समझ लेनी बहुत गहरे में जरूरी है कि तुम्हारी पीड़ा के निर्माता तुम ही हो, कोई दूसरा नहीं। तुम ही हो जिम्मेवार, दायित्व तुम्हारा है। पीड़ा के बीज तुम बोते हो, लेकिन बीज बोते समय तुम सोचते हो, तुम आनंद के बीज बो रहे हो। क्योंकि बीज में तो कुछ दिखाई नहीं पड़ता, न पीड़ा और न आनंद, बीज तो बंद है। जब तुम बीज बोते हो, तब तुम आनंद के सोचकर बोते हो। वर्षों बाद जब फल आने शुरू होते हैं, दुख आता है, तब तुम सोचते हो, यह दुख किसने दिया?

और बीज में और फलों के आने में इतना फासला है कि तुम भूल चुके होते हो कि ये बीज तुमने बोए थे। और फासला इतना ज्यादा है और बीज और फल इतने भिन्न हैं कि तुम याद भी कैसे रखो कि ये वे ही बीज हैं जो हमने बोए थे। अक्सर तुम सोचते हो हमारे आनंद के बीज तो व्यर्थ चले गए, सड़ गए, गल गए, ठीक भूमि उन्हें न मिली, और ये दुख के बीज, जो दूसरों ने हम पर फेंके, ये फल गए हैं।

जानकर हैरानी होगी तुम्हें कि अफ्रीका में अभी सौ वर्ष पहले तक, ऐसे बहुत से कबीले थे, जिनको यह खयाल ही नहीं था कि बच्चे के जन्म का कोई भी संबंध संभोग से है। सिर्फ सौ वर्ष पहले तक! और उसका कारण था। और वैज्ञानिक कहते हैं कि वही धारणा सदियों पूर्व सारी दुनिया में थी। क्योंकि बच्चा तो नौ महीने बाद पैदा होगा। यह नौ महीने का फासला इतना बड़ा है—हमें हैरानी होती है, क्योंकि हमें पता है अब—यह फासला इतना बड़ा है कि तुमने जो संभोग नौ महीने पहले किया था, उससे यह बच्चा पैदा हो रहा है, इसका कैसे संबंध जोड़ो? फिर सभी संभोग से बच्चे पैदा नहीं होते। सैकड़ों संभोग में से एकाध संभोग से बच्चा पैदा होता है? फिर वह नौ महीने बाद पैदा होता है।

तो अफ्रीका में खयाल था कि यह बच्चे के पैदा होने का कारण कुछ और है। ईश्वर की कृपा, देवी-देवताओं की पूजा, गंडे-ताबीज, किसी साधु-संन्यासी का आशीर्वाद—ऐसा कोई कारण, जो प्रत्यक्ष दिखाई पड़े। लेकिन यह संभोग इसका कारण हो सकता है, यह खयाल में नहीं था।

ठीक वैसी ही दशा भीतर गहरे में पूरी मनुष्यता की है। तुम्हें खयाल ही नहीं कि तुम्हारे दुख के बीज तुम्हीं बोते हो। नौ महीने से भी ज्यादा बड़ा फासला है। और बीज और भी सूक्ष्म हैं, संभोग से भी ज्यादा सूक्ष्म हैं। फिर फल कभी नौ साल बाद आते हैं, कभी नब्बे साल बाद आते हैं। क्योंकि ये दुख के सभी बीज मौसमी नहीं हैं। कुछ के तो जल्दी आ जाते हैं, कुछ के वर्षों समय लेते हैं। कुछ तो छोटे फूलों की तरह हैं, जो मौसम में आते हैं और

खो जाते हैं। और कुछ बड़े देवदार वृक्षों की भांति हैं, जो लंबे समय तक तुम्हारा पीछा करते हैं। फिर उस छोटे से सूक्ष्म बीज से इतना बड़ा वृक्ष, आकाश को छूने वाला, पैदा होगा, इसका खयाल भी नहीं उठता।

लेकिन तुम ही जिम्मेवार हो। तुम्हारी भूमि में कोई दूसरा बीज न तो फेंक रहा है, न फेंक सकता है। फेंकने का उपाय ही नहीं है। क्योंकि तुम्हारी जो मनोभूमि है, उसमें दूसरे का कोई प्रवेश ही नहीं है। तुम ही वहां बोते हो, तुम ही पानी डालते हो, तुम ही सम्हालते हो, तुम ही फल आ जाते हैं तो फसल काटते हो, तुम ही हो वहां अकेले।

इस बात की प्रतीति सघन हो जाए, तो तुममें साधक का जन्म हुआ। और तब तुम ठीक-ठीक आंखें पाओगे। और तब तुम वे बीज बोना बंद कर दोगे, जो जहरीले हैं। और तब तुम घास-पात को काटना शुरू कर दोगे। तब तुम्हारी पूरी ऊर्जा अमृत को पैदा करने में संलग्न हो जाएगी।

यह अनुभव अमृत का, तुम्हें बिलकुल भी नहीं है। आनंद को तुमने कभी जाना नहीं है। इसलिए बड़ी कठिनाई है और कठिनाई वास्तविक है, कि जिसे हमने जाना नहीं है, उसकी हम ठीक से आकांक्षा कैसे करें? और जिसका हमें स्वाद भी नहीं मिला, उसकी हम फसल कैसे उगाएं? और जिसके संबंध में हमें कोई भी प्रतीति नहीं है, कोई संस्पर्श नहीं हुआ, उसको हम पुकारें कैसे, बुलाएं कैसे, खोजें कहां? तुम्हें दुख का अनुभव हुआ है, तुम्हें सुख का भी अनुभव हुआ है, आनंद का तुम्हें कोई अनुभव नहीं हुआ। तो यह आनंद की खोज कैसे शुरू होगी?

तुम खोजते हो आनंद। तुम कहोगे, हम खोज रहे हैं। वह आनंद नहीं है, वह तुम्हारे सुख की ही बड़ी कल्पना है बस। तुम सोचते हो, आनंद महासुख जैसी चीज होगी। तुम सोचते हो, जैसा संभोग में सुख मिला है, ऐसा आनंद में सहस्त्रगुना मिलेगा। मगर वह है गुना। वह सुख का ही फैलाव है। तुम अपनी प्रेयसी से मिले, तो सुख मिला। तुम सोचते हो, परमात्मा का मिलना ऐसा ही कुछ सुख होगा, अनंतगुना। उसमें गुण का फर्क नहीं है, परिमाण का ही फर्क है। वह जो अंतर तुम्हें दिखाई पड़ता है, क्वांटिटी का है, क्वालिटी का नहीं है। तुम सोचते हो, बहुत धन मिल जाता है, राज्य मिल जाता है, बड़ा साम्राज्य मिल जाता है, तो जो सुख मिलता है, जब परमात्मा का राज्य मिलेगा, तो इसी का ही अनंत-अनंतगुना सुख होगा। लेकिन फर्क मात्रा का है।

और मैं तुमसे कहता हूं, फर्क मात्रा का बिलकुल नहीं है। आनंद कुछ है, जो तुमने कभी जाना ही नहीं। सुख के छोटे से तराजू से तुम उसे न तौल पाओगे। सुख के आयाम से तुम उसे न पहचान पाओगे। लेकिन तुम सुख को ही खोज रहे हो, तुम उसे आनंद कहते हो बस।

इसलिए मेरे त्राटक का प्रयोग है। त्राटक का प्रयोग सत्संग का गहरा प्रयोग है। जब मैं तुमसे कहता हूं, तुम चुप और खाली हो जाओ, सिर्फ मेरी तरफ देखो, ताकि मैं तुम्हारे भीतर आ सकूं; उस मेरे तुम्हारे भीतर आने में, तुम्हें पहला स्वाद मिलेगा। वह स्वाद तुम्हारी कोशिश को सजग कर देगा। वह स्वाद तुम्हें पहली बार कहेगा कि आनंद की बूंद कैसी हो सकती है। फिर तुम सागर की खोज पर निकल जाओगे, फिर मुझे कुछ करना नहीं है। फिर वह स्वाद ही तुम्हें खींचेगा और ले जाएगा। फिर तुम्हें कोई रोकने वाला नहीं। फिर दुनियाभर

की ताकतें भी तुम्हारे बीच में बाधा बनें, हिमालय भी खड़े हो जाए, तो तुम पार कर जाओगे। एक बार तुम्हारा स्वाद जग गया, फिर सब बाधाएं छोटी हैं। और जब तक तुम्हारा स्वाद नहीं जगा, तब तक सागर हो सकता है तुम्हारी पीठ के पीछे ही लहरें ले रहा हो, लेकिन तुम लौटकर भी न देखोगे। क्योंकि देखने का कोई प्रयोजन नहीं है। तुम्हारी आंखें वहां लगी रहती हैं, जहां तुम्हें सुख का स्वाद है।

जो लोग सिंह या शेर को घर में पालते हैं, उनका अनुभव है कि वह उसी दिन से खतरा शुरू होगा, जिस दिन से उसे मांस का स्वाद मिल जाएगा। उसको शाक-सब्जी खिलाते रहो, रोटी खिलाते रहो, बचपन से ही उसे स्वाद ही न दिया हो मांस का, खून का, तो वह शाकाहारी रहेगा।

एक शिकारी के संबंध में मैंने सुना है, उसने एक सिंह के बच्चे को पाला था, शुद्ध शाकाहारी। उसे एक बार भी मांस का कोई स्वाद न मिला। लेकिन एक दिन शिकारी अपने बगीचे में बैठा है और उसके पैर में चोट लग गई, तो थोड़ी-सी खून की बूंद झलक गई। और उसका सिंह उसके पास बैठा है। उस सिंह ने उसकी खून की बूंद को चाट लिया। बस, उपद्रव शुरू हो गया। फिर अब इस सिंह को घर में रखना असंभव है, इसे स्वाद लग गया।

बस ऐसा ही स्वाद तुम्हें लगाने के लिए मेरा त्राटक है। जरा सा तुम्हें स्वाद आ जाए, एक किरण उतर जाए, फिर तुम सूरज को पा लोगे। एक बूंद पर तुम्हारी पकड़ आ जाए, फिर सागर ज्यादा दूर नहीं है।

सत्संग का यही अर्थ है कि ऐसे किसी व्यक्ति के साथ, जिसने जाना हो, तुम्हें भी जानने की दौड़ लग जाए। ऐसे किसी व्यक्ति के पास, जिसने जीया हो, तुम्हारा दीया भी भभक उठे और लपट पकड़ ले। इसलिए संत निरंतर कहते रहे हैं, बिना गुरु के यह न होगा।

इसका कारण यह नहीं कि गुरु कुछ सिखाएगा, तब होगा, इसका कारण यह है कि स्वाद ही बिना गुरु के नहीं होगा। यह कोई शिक्षण की बात नहीं है कि गुरु तुम्हें सिखाएगा, विधि देगा, गणित देगा, नक्शा देगा, किताब देगा और कहेगा, यह गाइड-बुक है, इससे तुम चले जाओ।

न, यह मतलब नहीं है। इसके बिना जा सकते हो। क्योंकि उस अनंत के लिए, अनंत रास्ते हैं, सभी तरफ से रास्ते हैं, गाइड-बुक की कोई जरूरत नहीं है। कहीं से भी तुम वहां पहुंच सकते हो। नक्शों का कोई सवाल नहीं है, नक्शा नाहक बोझ हो जाएगा। अनेक पर हो गया है। कोई वेद को सिर पर रखे है, कोई बाइबिल को, कोई गीता को रखे है। वह उसकी वजह से ही नहीं चल पाता। क्योंकि नक्शा काफी बड़ा है, उसको ढोकर...और बिना उसको लिए, कहां जाएं?

न, बिना नक्शे के भी तुम पहुंच जाओगे, क्योंकि उसका कोई नक्शा नहीं है। वह सब जगह है। असली सवाल स्वाद है। जो तुम्हें स्वाद लगा दे, वही शास्त्र। जो तुम्हें स्वाद दे दे, वही सदगुरु। जहां तुम्हें स्वाद आ जाए, वही तीर्थ।

और एक बार, एक बूंद भी तुमने चख ली, अचानक तुम पाओगे, यह जगत व्यर्थ हो गया। कोई और सार्थकता का आयाम खुला, एक नई यात्रा शुरू हुई। पुराना सपना टूट गया, एक नए जागरण का प्रारंभ हुआ।

त्राटक का अर्थ है, मैं तुम्हारा स्वाद बन जाऊं। जरा देर को तुम जगह दे दो, जरा-सी रंध्र, तुम्हारे अंधेरे में थोड़ा-सा प्रकाश, बस उतना काफी है।

त्राटक की जो परंपरागत धारणा है, वह मेरी धारणा नहीं है। त्राटक मेरे लिए एकाग्रता का नहीं, ध्यान का ही प्रयोग है।

आज इतना ही।

(मूल पुस्तक 'नहिं राम बिन ठांव' का सातवां प्रवचन)

3

एक कथा : दो अर्थ

*कोई भी वासना मन को पकड़ ले, तो चेतना मूर्च्छित हो जाती है।
या हम ऐसा कह सकते हैं कि जब भी चेतना मूर्च्छित होती है,
तभी कोई वासना मन को पकड़ती है।
ये दोनों एक-दूसरे से जुड़ी घटनाएं हैं।*

प्रश्न :

भगवान, भगवान बुद्ध एक कहानी कहा करते थे।
एक आदमी को खेत में बाघ मिल गया। वह भागा।
बाघ ने भी उसका पीछा किया।
वह एक भयानक खड्ड के किनारे पहुंच गया, जिसके आगे राह नहीं थी।
एक जंगली बेल की जड़ को पकड़कर, वह खाई के नीचे लटक गया।
बाघ भी वहां पहुंचकर ऊपर से उसको सूंघने लगा। ऐसे कांपते हुए उस आदमी ने खड्ड में झांका तो वहां एक दूसरा बाघ उसको निगलने को तैयार खड़ा था।
इस बीच दो चूहे—एक सफेद और एक काला—उस बेल की जड़ को धीरे-धीरे कुतरने लगे।
और उस आदमी को उसी समय एक पका हुआ मीठा फल दिख गया।
एक हाथ से बेल को थामते हुए उसने दूसरे हाथ से फल को तोड़ लिया।
कैसा मीठा उसका स्वाद था!
भगवान! इस कहानी को हमें समझाने की कृपा करें।

कहानी बुद्ध से भी पुरानी है। लेकिन बुद्ध ने जिस अर्थों में उसका प्रयोग किया, वह बिलकुल बुद्ध का अपना है। दोनों ही अर्थ समझ लेने जैसे हैं। कहानी तो हिंदू-चिंतन का सार है। लेकिन बुद्ध ने उसके ऊपर बड़े नए अर्थ की कलम लगाई। और तब कहानी का पूरा अर्थ ही बदल गया। और बुद्ध ने उस कहानी की जो परिभाषा की, वह बड़ी अनूठी है।

तो पहले तो हम हिंदू-दृष्टि को समझ लें। उसकी अपनी सार्थकता है। और तब हमें यह भी समझ में आ सकेगा कि एक ही प्रतीक कैसे दो भिन्न दृष्टियों के लिए आधार बन सकता है। देखने का ढंग बदल जाए, तो जो हम देखते हैं, वह भी बदल जाता है। और जगत हमारी दृष्टि में है, वस्तुओं में नहीं। देखने वाला जैसा होता है, वैसा ही जगत दिखाई पड़ता है।

हिंदू-चिंतन का आधार है कि जगत माया है। उसमें मिले हुए सुख क्षणभंगुर हैं, सत्य नहीं। अभी हैं, अभी नहीं हो जाएंगे। मौत जीवन को पोंछ डालेगी। प्रतिपल पोंछ ही रही है। और वह जो सफेद और काला चूहा है, वे दिन और रात, जीवन की जड़ों को काट रहे हैं। जितनी देर हम जीते हैं, उतनी देर हम मरते हैं। और जन्म के साथ ही मरना शुरू हो जाता है। बच्चा पैदा नहीं हुआ कि मरना शुरू हो गया। काले-सफेद चूहों ने जड़ें काटनी शुरू कर दीं। जड़ें अभी जम भी नहीं पाईं और जड़ों का अंत प्रारंभ हो गया।

यहां जन्म के साथ ही मृत्यु जुड़ी है। जन्म है एक कदम, मृत्यु उसी का दूसरा कदम है। तो

जिसे हम जन्म-दिन कहते हैं, वह मृत्यु का भी दिन है। फासला है—सत्तर वर्ष का हो, सौ वर्ष का हो—लेकिन वह दो कदमों का ही फासला है। स्वभाव जन्म और मृत्यु का बिलकुल एक है।

हिंदू कहते हैं, जो जन्मा है, वह मरेगा। और जो गहरा देख सकता है, वह जन्म में ही मृत्यु को देख लेगा। इसलिए जन्म कोई खुशी का अवसर नहीं। और जन्म अगर खुशी का अवसर है, तो मृत्यु कोई रोने की बात नहीं। अगर तुम जन्म में हंसे और मौत में रोए, तो उसका अर्थ है कि तुम अंधे हो।

काल कुतर रहा है, तुम्हारी जड़ों को काटता जा रहा है। एक-एक क्षण जा रहा है, उतने ही तुम चुकते जाते हो, रिक्त होते जाते हो। और हिंदू कहते हैं, बचने का कोई उपाय नहीं है।

संसार में बचने का कोई उपाय ही नहीं है। क्योंकि संसार मृत्यु का ही विस्तार है। तो तुम कहीं भी भागो, तुम कहीं भी छिपो, मृत्यु तुम्हें खोज लेगी। मन सोचता है कि कोई उपाय खोज लेंगे, कोई घर बनाएंगे, कोई सुरक्षा, कोई पहाड़, कोई दीवाल और छिप रहेंगे। तो मन धन की दीवालें बनाता है, पद-प्रतिष्ठा खड़ी करता है। विज्ञान, ज्ञान, टेक्नालॉजी, और सोचता है कि बच रहेंगे, मौत से बचने का कोई उपाय होगा।

हिंदू कहते हैं, बचने का कोई उपाय नहीं है, क्योंकि संसार का स्वभाव मृत्यु है। तुम भागो कहीं भी, मौत तुम्हारा पीछा करेगी। वह जो बाघ है, वह तुम्हारे पीछे लगा है। और आज नहीं कल, वह जगह आ जाएगी, जहां आगे रास्ता न होगा, जहां भागना भी छोड़ देना पड़ेगा। जिसको अंग्रेजी में इम्पासे कहते हैं, वह जगह आ जाएगी, जिसके आगे फिर कोई मार्ग ही नहीं है। पीछे लौटो तो मौत, आगे जाओ तो गड्ढ। और नीचे झांककर तुम देखोगे तो पाओगे वहां भी मौत प्रतीक्षा कर रही है। गड्ढ में कूदकर भी बचने का उपाय नहीं है। ऐसे तो गड्ढे में कूदोगे तो भी मिट जाओगे, लेकिन एक आशा की किरण रह सकती है कि बच जाएं, शायद बच जाएं। तो वहां दूसरा बाघ तुम्हारी प्रतीक्षा कर रहा है।

हिंदू कहते हैं, जीवन चारों तरफ मृत्यु से घिरा है। सब दिशाएं उसी से आच्छादित हैं। इसलिए एस्केप, पलायन नहीं हो सकता। भागने से कुछ हल नहीं है। सिर्फ थकोगे और उस जगह पहुंच जाओगे, जहां रुकना पड़ेगा। फिर भी आदमी कोशिश करेगा—नीचे मौत है, ऊपर मौत है, भयंकर गड्ढ है, हाथ छूट जाए तो मौत है—तो भी आदमी कोशिश करेगा। आदमी का मन आखिरी क्षण तक कोशिश करता है। जड़ों को पकड़कर ही लटक जाएगा। जड़ें कोई बहुत भरोसे की नहीं हैं, क्योंकि दिन और रात उन्हें काट रहे हैं। लेकिन आशा तिनके में भी सहारा खोज लेती है, सपने में भी साथी खोज लेती है। जहां कुछ भी नहीं हो सकता, वहां भी मन कल्पना करके सोचता है, कुछ जरूर हो सकेगा।

मन का यह गुणधर्म है कि वह आशा किए चला जाता है। उमर खय्याम की एक रुबाई है कि गुरुओं से पूछा, ज्ञानियों से पूछा, आचार्यों से पूछा कि यह जीवन चलता क्यों जाता है, रुक क्यों नहीं जाता? क्योंकि कोई भी सुखी नहीं दिखाई पड़ता, सब दुखी हैं। फिर भी जीवन चलता जाता है। तो इस जीवन के चलने का मूल-सूत्र कहां है?

कोई उत्तर न पाया। उमर खय्याम ने लिखा है, जिस द्वार से भीतर गया, उसी द्वार से बाहर आया। बड़े पंडित थे, पर कोई उत्तर न पाया। फिर मैंने आकाश से पूछा, क्योंकि आकाश सदा रहा है। सब बदलता गया है—लोग आए हैं, मिटे हैं, जन्म हुआ, मृत्यु हुई,

सभ्यताएं खड़ी हुईं, खो गईं—आकाश सदा देखता रहा है। इससे बड़ा और कोई गवाह नहीं। तो मैंने आकाश से पूछा कि इस जीवन का राज क्या है? यह चलता क्यों जाता है? तो आकाश से एक आवाज आई—आशा के सहारे।

दुख बहुत है, लेकिन आशा उससे भी बड़ी है। यह सुख के सहारे नहीं चल रहा है जीवन, क्योंकि सुख तो बिलकुल नहीं है। अगर अकेला दुख ही दुख हो, तो यह टूट जाए, आप अभी आत्मघात कर लें। इसलिए जो भी थोड़ा विचारशील है, वह जीवन में कभी न कभी आत्मघात का विचार करता है। कभी न कभी सोचता है, मिटा लूं। क्या है सार सुबह उठ आने का, सांझ सो जाने का? फिर वही भोजन, फिर वही वस्त्र, फिर वही काम। इस पूरे चाक पर घूमते रहने का कोई भी तो प्रयोजन नहीं मालूम पड़ता। और अंत में मर ही जाना है, तो आज मरने में क्या बुराई है? तीस साल, चालीस साल और चक्कर खाने के बाद मरना ही पड़ेगा। और जब खाई लील ही लेगी, तो आज ही उसे समर्पित हो जाने में हर्ज क्या है? यह इतना कष्ट क्यों? यह बीच की इतनी व्यर्थ की चिंता, उपद्रव, संताप क्यों?

इसलिए विचारशील कभी न कभी आत्मघात की सोचता ही है। सिर्फ निर्बुद्धि हैं, जो कभी आत्मघात की न सोचते हों। मूढ़ हैं, जो कभी न सोचते हों कि जीवन खत्म करने जैसा है। विचारशील तो निरंतर, अनेक बार उस जगह आ जाता है, जहां सोचता है, मिटा दूं! जब मिटना ही है, तो अपने हाथ से ही मिटा दूं!

इसलिए दुख की तो परिपूर्णता है। सुख की कहीं कोई झलक भी नहीं है। लेकिन फिर भी आशा कहती है, जो आज नहीं मिला, वह कल मिलेगा। इसलिए कल तक रुकना जरूरी है। आत्मघात रुका है आशा के कारण, जीवन के कारण नहीं। और आशा कहे ही चली जाती है कि क्यों घबड़ाते हो, जो आज तक नहीं हुआ, वह भी कल हो सकता है। कौन जाने, दूसरे क्षण द्वार खुल जाए स्वर्ग का। दूसरे क्षण खजाना मिल जाए जीवन का। वह दूसरा क्षण लुभाता है। इसलिए हम कल में जीते हैं।

मन कल की आशा का नाम है। ऊपर मौत है, नीचे मौत है, लटके हुए हम हैं। जड़ें किसी भी क्षण टूट सकती हैं। न भी टूटें, तो हाथ थक जाएंगे थोड़ी देर में। फिर भी आशा है, कुछ हो सकता है। समय अभी बाकी है, तो प्रतीक्षा जारी है।

और ऐसी ही प्रतीक्षा के क्षण में दिखाई पड़ जाता है एक फल, जंगल का बेर, या कोई और फल, और सब भूल जाता है। न आगे खड़ी मौत, न पीछे खड़ी मौत दिखाई पड़ती है, न गड्ढ दिखाई पड़ता है। न हाथ छूटे जा रहे हैं जड़ों से, यह समझ में आता है। उस जंगली फल का मधुर स्वाद, उस स्वाद के क्षण में सब भूल जाता है।

क्षणभंगुर है सुख, लेकिन सबको भुला देता है। गहरा नशा है उसका। स्वाद बिलकुल क्षणभर टिकेगा, लेकिन बेहोशी उसकी परम है। एक क्षण को होगा, लेकिन उस एक क्षण में सब जगत भूल जाता है—सारे दुख, सारी यात्रा का कष्ट, सारे संताप जो बीत गए हैं, और सारे संताप जो आएंगे—सब भूल जाता है। क्षणभर होगा सुख, लेकिन पूरे ब्रह्म को आच्छादित कर लेता है।

हिंदुओं ने इस कथा का उपयोग किया था कि ऐसे क्षणभर के स्वाद में मत भटको! सजग रहो। मौत को भुलाओ मत ऐसे, कोई फल का स्वाद मौत से बचा न सकेगा। जीवन

को, स्वयं को मोहित करने का कोई भी मार्ग मत दो—न स्वाद से, न काम से, न लोभ से—कोई भी इंद्रिय से जीवन को आच्छादित मत होने दो।

स्वाद तो एक इंद्रिय है। आंख से भी यह हो सकता था। कहानी हो सकती थी कि एक सुंदर युवती दिखाई पड़ गई, या एक मोर नाचने लगा, या सूरज निकला, या एक इंद्रधनुष आकाश में फैल गया और उस क्षण में सब भूल गया। या हो सकता था कि सिर्फ सुगंध आई होती, बेला के फूल खिले होते, और सुगंध की एक लहर नासापुटों को भर गई होती, उस क्षण में सब भूल जाता।

तो कहानी तो केवल प्रतीक है। कोई भी इंद्रिय भुला सकती है। सभी इंद्रियां मूर्च्छित होने को तत्पर हैं। इंद्रिय का रस ही मूर्च्छा में है। जब आप होश में होते हैं, तब इंद्रिय मृत होती है। जब इंद्रिय जगती है, तब आप मूर्च्छित होते हैं। आपकी मूर्च्छा में इंद्रिय का जागरण है, इंद्रिय की मूर्च्छा में आपका जागरण है। तो जब इंद्रिय जगी और स्वाद मन को भर गया, उस समय भीतर सब मूर्च्छा हो गई। और ऐसी स्थिति में, विकट स्थिति में, जब कि मौत सामने खड़ी थी!

महात्मा गांधी ने अपने बचपन का संस्मरण लिखा है। और वह संस्मरण उनके जीवनभर को घाव हो गया। उस घाव ने उनके पूरे जीवन को प्रभावित किया, रूपांतरित किया। ऐसे घाव को मनोवैज्ञानिक ट्रामेटिक कहते हैं, जो फिर मिटते नहीं और जिनके आधार पर फिर पूरे जीवन की प्रक्रिया बुनी जाती है।

गांधी के पिता मर रहे हैं। और चिकित्सकों ने कहा कि यह रात आखिरी है, आज बच न सकेंगे। सुबह सूरज इन्हें जीता हुआ न देखेगा। तो स्वाभाविक था कि बेटा बाप के पास बैठे। यह आखिरी रात थी, किसी भी क्षण श्वास टूट जाएगी। और ऐसा भी नहीं था कि बेटे को बाप में श्रद्धा न थी, प्रेम न था; बड़ा लगाव था, बड़ा भाव था, पिता के प्रति बड़ा सम्मान था। तो गांधी उनके पैर दबाते हुए बैठे रहे। फिर बारह बजे, फिर एक बजा, फिर पिता को झपकी लग गई। और जब पिता को झपकी लग गई, तो गांधी के मन में विचार उठने लगे कि चिकित्सक कोई भविष्यवक्ता तो नहीं, कि नहीं ही बचेंगे सुबह; ऐसी भी क्या बात है, सिर्फ अनुमान है।

मन ने दरवाजा खोल दिया। और जब पिता सो ही गए हैं, विश्राम कर रहे हैं, तो पत्नी की स्मृति मन में उठने लगी। एक दीवाल के पार पत्नी है। और क्षणभर को जाकर उसे प्रेम कर आऊं, तो कुछ हर्ज नहीं है। पिता को सोया छोड़कर गांधी पत्नी के कमरे में चले गए। संभोग कर रहे थे पत्नी से, तभी द्वार पर दस्तक पड़ी और किसी ने खबर दी कि पिता चल बसे।

यह जीवनभर के लिए घाव हो गया। सारा ब्रह्मचर्य गांधी का इसी घाव से निकला। इसलिए गांधी के ब्रह्मचर्य में महावीर वाला ब्रह्मचर्य नहीं है। उसमें रोग है, उसमें एक रुग्णता है। उसमें एक पीड़ा है। उस ब्रह्मचर्य में आनंद और अहोभाव नहीं है, एक प्रायश्चित्त है। और यह समझ लेने जैसा जरूरी है, क्योंकि ब्रह्मचर्य ब्रह्मचर्य भी एक से नहीं होते। कहां से निकलती है धारा? क्यों निकलती है?

तो गांधी का जो भाव है ब्रह्मचर्य का, वह एक प्रायश्चित्त है, जो पिता से जुड़ा हुआ है। फिर वह पत्नी के पास दुबारा कभी उस निर्दोष भाव से न सो सके, क्योंकि हमेशा पिता की

मृत्यु बीच में खड़ी हो गई। और ऐसा लगने लगा कि मैं अपराधी हूं। और ऐसा लगने लगा कि यह भी क्या बात हुई कि पिता मरते हों और मैं एक रात पत्नी से दूर न रह सका! पत्नी गर्भवती थी और चार या आठ दिन बाद ही बच्चा हुआ। वह बच्चा भी मरा हुआ हुआ। इसलिए और भी घाव लग गया कि हो सकता है मेरे संभोग का ही यह परिणाम है कि बच्चा मरा हुआ हुआ। क्योंकि इतने, नौ महीने की गर्भवती स्त्री के साथ संभोग कभी-कभी खतरनाक हो सकता है, बच्चे का प्राण जा सकता है।

अभी कुछ दस-पंद्रह साल पहले तक तो चिकित्सक कहते थे कि यह भ्रांति है कि गर्भ के आखिरी दिनों में संभोग करने से बच्चा मरेगा। यह केवल एक अंधविश्वास है। लेकिन इधर दस-पंद्रह वर्षों में जो नई शोध हुई है, तो पता चला कि अंधविश्वास सही हो सकता है। क्योंकि जब स्त्री संभोग के क्षण में आती है, तो उसके हृदय की धड़कनें बढ़ जाती हैं। और जब संभोग अपने परम शिखर पर पहुंचता है, तो उसके हृदय की जो सामान्य गति है, वह डांवाडोल हो जाती है और उसके शरीर में आक्सीजन की मात्रा में रूपांतरण हो जाता है। और बच्चे के पास जो भी आक्सीजन पहुंचती है, वह मां से ही पहुंचती है। और बच्चा अभी इतना कोमल है कि इस अस्तव्यस्त अवस्था का परिणाम उस पर घातक हो सकता है।

अभी नई एक शोध प्रकाशित हुई है, जो कहती है, इस बात की संभावना है कि इस पुराने अंधविश्वास में सचाई हो। क्योंकि पूरा का पूरा संभोग के क्षण में, आरगाज्म के क्षण में स्त्री का पूरा रासायनिक रूपांतरण हो जाता है। शरीर पसीना छोड़ता है, हृदय धड़कता है, शरीर जैसे बुखार से भर जाता है। और बच्चा जो अभी कोमल है और सब भांति मां पर निर्भर है—अभी वह खुद श्वास भी नहीं लेता, अभी मां की ही श्वास उसकी श्वास है—यह इतना बड़ा तूफान है बच्चे के लिए कि इसमें उसकी श्वास घुट सकती है। और एक क्षण को भी उसे आक्सीजन न मिले, तो वह मृत हो सकता है।

फिर गांधी को बड़ी पीड़ा रही : बच्चा मरा, पिता मरे और उस क्षण में भी मैं वासना से पूरित रहा! पत्नी गर्भवती थी, तो भी वासना न रोक सका! पिता मर रहे थे, तो भी मैं वासना न रोक सका! इसलिए वासना के प्रति एक गहन पश्चात्ताप, अपराध, घृणा, निंदा, मन में प्रवेश कर गई।

लेकिन उस क्षण में, जब पत्नी ने मन को घेर लिया, तो सारा संसार भूल गया। उस क्षण, पिता मर रहे हैं, यह बात याद न रही। उस क्षण, पत्नी गर्भवती है, यह बात याद न रही।

कोई भी वासना मन को पकड़ ले, तो चेतना मूर्च्छित हो जाती है। या हम ऐसा कह सकते हैं कि जब भी चेतना मूर्च्छित होती है, तभी कोई वासना मन को पकड़ती है। ये दोनों एक-दूसरे से जुड़ी घटनाएं हैं।

स्वाद तो केवल प्रतीक है। कोई भी इंद्रिय का द्वार खुला कि चेतना के द्वार बंद हुए।

हिंदुओं ने यह कथा कही है, ताकि क्षण में आप न खो जाएं और सनातन को न भूल जाए। क्षण की क्षमता है सनातन को भुला देने की। यह बड़ा ऊहापोह का प्रश्न है। और निरंतर चिंतक पूछते रहे हैं कि यह हुआ कैसे कि माया, जो कि असत्य है, उसने ब्रह्म को आच्छादित कर लिया! यह हुआ कैसे कि अंधेरा, जो है ही नहीं, उसने प्रकाश को ढंक लिया! यह हुआ कैसे कि अविद्या, अज्ञान, जिनकी कोई जड़ें नहीं, मूल नहीं, उन्होंने परम

ज्ञान, परम चैतन्यस्वरूपी आत्मा को भटका दिया! यह हुआ कैसे? अगर माया सच में ही नहीं है, तो फिर हम भटक कैसे रहे हैं?

यह हुआ। इस कथा को अगर समझें, तो समझ में आ जाएगा। क्षणभर को भी अगर हम सो जाएं तो ब्रह्म खो जाता है। हमारी निद्रा उसका खो जाना है। जैसे सूरज उगा हो, और मैं आंख बंद कर लूं। माना कि आंख की क्या ताकत सूरज के सामने! बड़ी कमजोर है, लेकिन बंद तो कर ही सकता हूं। पलकों की सामर्थ्य क्या है? छोटे-छोटे हैं। लेकिन सूरज को ढंक लेते हैं। आंख बंद कर ली, सूरज खो गया। हिमालय खड़ा हो, छोटी सी पलक बंद कर लूं, हिमालय खो गया। एक जरा सा रेत का कंकड़ आंख में पड़ जाए, आंख बंद हो गई। कंकड़ बड़ा छोटा है, लेकिन गौरीशंकर खो गया। तो कंकड़ के छोटेपन से यह मत सोचना कि हिमालय को नहीं ढंक सकता है। ढंक सकता है, क्योंकि आंख को बंद कर सकता है।

ब्रह्म अपनी जगह है। हमारे लिए खो जाता है, मेरे लिए खो जाता है। जब मेरी आंख बंद है, तब खो जाता है। और सभी इंद्रियां सुलाने के उपाय हैं। इंद्रियों का रस निद्रा में है, सो जाने में है। इसलिए तमस का इतना विरोध है।

तमस का अर्थ है: सोने की वृत्ति। तमस का अर्थ है: निद्रित भाव। तमस का अर्थ है: मूर्च्छित जीने का ढंग। जो चीज भी तमस लाती है, वही संसार को बढ़ाती है।

उस क्षण, जब स्वाद लिया जंगली फल का, घेर लिया तमस ने। मन आच्छादित हो गया, स्वाद में खो गया। स्वाद ही बचा और सब खो गया। ब्रह्म, सत्य, वह जो चारों तरफ मौजूद है, वह कुछ भी दिखाई न पड़ा।

और अक्सर ऐसा होता है। जब जीवन में दुख हो, तब हम मूर्च्छा की तलाश करते हैं। दुनियाभर में शराब का इतना आकर्षण है, और कितना ही समझाएं उपदेशक, आदमी से शराब का छुटकारा आसान नहीं है। क्योंकि संसार में इतना दुख है। और उपदेशक के उपदेश से दुख नहीं मिटता। और दुख इतना ज्यादा है कि आदमी भुलाने के उपाय न करे, तो क्या करे! या तो दुख के पार जाए, जो कभी किसी बुद्ध के लिए संभव हो पाता है। और या फिर दुख को विसर्जित न कर सके, तो विस्मृत कर दे, जो कि शराब से हो सकता है; हजार ढंग के नशे हैं, जिनसे हो सकता है।

सभी तरह की ऐंद्रिकता मादकता है। जब आप एक स्त्री को देखते हैं सुंदर, या एक सुंदर पुरुष को, तो क्षणभर को शराब पकड़ लेती है। और जब मैं यह कह रहा हूं, तो सिर्फ प्रतीक के अर्थ में नहीं कह रहा हूं। अब तो मनोवैज्ञानिक और वैज्ञानिक भी गवाही देते हैं कि जब एक सुंदर स्त्री को आप देखते हैं, तो आपके भीतर शरीर में हार्मोन्स में फर्क पड़ जाता है। और आपके शरीर में ग्रंथियां हैं, जिनसे मादक-द्रव्य खून में विस्तारित होते हैं।

तो जैसे ही एक सुंदर स्त्री को आपने देखा, आपके शरीर की ग्रंथियां नशीले तत्वों को खून में छोड़ देती हैं। तो यह हो सकता है कि आप दुनिया को भूलकर उस स्त्री के पीछे चल पड़ें; नियम, व्यवस्था, समाज, कानून को भूलकर स्त्री पर हमला कर दें। और अगर अदालत में आप कहें कि यह मैंने नहीं किया, तो वह भी सच होगा। यह आपके भीतर मादकता इतनी घनी हो गई कि हो गया आपसे, आपने किया नहीं, आप मालिक थे भी नहीं। करने का निर्णय आपने लिया नहीं, भीतर शरीर के हार्मोन, शरीर के रासायनिक तत्वों ने लिया।

धन को देखकर आप पागल हो सकते हैं। भूल ही जा सकते हैं कि मैं क्या कर रहा हूं।

हिंदुओं ने इस कथा का प्रयोग किया था कि क्षणभर भी इंद्रिय का स्वाद सनातन ब्रह्म को छिपा देता है। लेकिन बुद्ध ने इस कथा का बड़ा दूसरा उपयोग किया। क्योंकि बुद्ध और हिंदू-विचार के कुछ मौलिक भेद खयाल में आ जाएं, तो कथा का अर्थ-भेद समझ में आएगा।

हिंदू कहते हैं: क्षण तो असत्य है; शाश्वत सत्य है। वह जो सदा है, वह सत्य है। और जो क्षण है, वह सत्य नहीं है; क्षण केवल सपना है। क्योंकि क्षण का मतलब है, क्षणभर पहले नहीं था और क्षणभर बाद फिर नहीं हो जाएगा। हिंदू-विचार कहता है: जो क्षणभर पहले नहीं था, जो क्षणभर बाद फिर नहीं हो जाएगा, उसका अभी होना सत्य नहीं हो सकता; जिसके दोनों तरफ असत्य है, वह मध्य में सत्य नहीं हो सकता; जिसके दोनों तरफ शून्य है, वह बीच में पूर्ण नहीं हो सकता; जिसके दोनों छोरों पर भ्रम है, वह मध्य में वास्तविक नहीं हो सकता। वास्तविक वही है—सत्य की यही हिंदू-परिभाषा है—कि जो शाश्वत है, जो सदा है, सदा था, सदा रहेगा। जो न मिट सकता है, न मिटाया जा सकता है।

लेकिन बौद्धों की परिभाषा बड़ी अलग है। बुद्ध हैं क्षणवादी; हिंदू हैं शाश्वत-सनातन वादी। बुद्ध कहते हैं: क्षणमात्र ही सत्य है; सनातन है ही नहीं कुछ, शाश्वत कुछ है ही नहीं। शाश्वत केवल विचार है, शाश्वत केवल सिद्धांत है; शाश्वत दार्शनिकों की खोज, कल्पना, परिकल्पना, हाइपोथीसिस है। क्षण ही केवल सत्य है। जो अभी और यहां है, वही केवल सत्य है। इस क्षण से ज्यादा और कोई सत्य नहीं है।

बौद्ध-चिंतन में सत्य का अर्थ है: जो वर्तमान में है, जो अभी है, जस्ट हियर एंड नाऊ, बस वही सत्य है। और बौद्ध कहते हैं: जो अभी सत्य है, उसको तुम असत्य कहते हो, और जो कभी भी अभी नहीं होता है, उसे तुम सत्य कहते हो? क्षण के अतिरिक्त समय है ही नहीं। क्योंकि एक क्षण से ज्यादा आपको उपलब्ध नहीं होता। शाश्वतता धारणा है, क्षण वास्तविकता है। और बड़े मजे की बात यह है कि इन दो विपरीत दृष्टिकोणों से जो आत्यंतिक लक्ष्य फलित होता है, वह बिलकुल एक है।

तो अब हम बुद्ध के हिसाब से इस कथा को समझें।

बुद्ध कहते हैं: भाग रहे तुम जंगल में और एक सिंह तुम्हारा पीछा करता है; मौत पीछे लगी है, पहुंच गए खाई के किनारे, लेकिन नीचे सिंह खड़ा हुआ तुम्हारी प्रतीक्षा करता है। इससे बुद्ध कुछ तुम्हें भयभीत नहीं करना चाहते। वह कहते हैं, ऐसा जीवन का स्वरूप है।

हिंदू-कथा में भय का अंश है। होगा, क्योंकि माया से तुम भयभीत हो जाओगे, तो ही तुम ब्रह्म की खोज पर निकलोगे।

बुद्ध कहते हैं: यहां कोई ब्रह्म तो है नहीं जिसकी खोज पर जाना है। इसे तुम चाहे माया कहो और चाहे जो, बस यही है। यह जीवन की वास्तविकता है कि मौत तुम्हारे पीछे लगी है। इसमें भय का कारण भी तुम्हारा मन है। अन्यथा तुम समझोगे कि ऐसा जीवन का स्वभाव है। इस तरफ भी मौत है, उस तरफ भी मौत है। और उस जगह हम पहुंच गए हैं खाई पर, जिसके आगे कोई मार्ग नहीं है।

बुद्ध के हिसाब से प्रतिक्षण तुम उस खाई पर खड़े हो, जिसके आगे कोई मार्ग नहीं है। मार्ग है ही नहीं। क्योंकि मार्ग तभी हो सकता है, जब तुम्हारे हाथ में एक क्षण से ज्यादा समय हो।

यह थोड़ा जटिल है।

अगर आपके पास एक क्षण मात्र है, तो गति करने का उपाय ही नहीं है। दो क्षण हों, तो गति हो सकती है। अगर खड़े भर होने को जमीन है, तो मार्ग कहां होगा? चलने को जगह चाहिए। मन के चलने को समय चाहिए। यह जो घड़ी है, यही सब कुछ है, तो तुम चलोगे कहां? जाओगे कहां? अपनी जगह पर खड़े होकर तुम कितने ही कूदते रहो, जागिंग करते रहो, जाना-आना कहीं भी नहीं है।

बुद्ध के हिसाब से कोई यात्रा नहीं है। तुम उसी जगह खड़े कूद रहे हो। जैसा घर में किसी को व्यायाम करना हो, अपने ही बाथरूम में खड़े होकर कूदता रहे, ऐसा मीलों की यात्रा का भ्रम पैदा हो सकता है। चलना मीलों हो जाए और जगह फीट भर की हो।

बुद्ध कहते हैं: एक क्षण ही तुम्हारे पास है, तुम्हारा मन उसी में कूदता रहता है। इसलिए प्रतिक्षण, तुम वहां खड़े हो, जहां से आगे कोई मार्ग नहीं है। जिस दिन तुम्हें दिख जाएगा, उसी दिन तुम रुक जाओगे, व्यर्थ उछल-कूद न करोगे।

संसार आदमी के मन की व्यर्थ उछल-कूद है, जिससे कुछ निष्कर्ष भी नहीं निकलता। व्यायाम जरूर हो जाता है, सो हम जन्मों-जन्मों से कर रहे हैं। पहुंचते कहीं भी नहीं, लेकिन दौड़ काफी हो जाती है। चलते बहुत हैं, मंजिल कभी नहीं आती। फिर भी हम कभी बैठकर नहीं सोचते कि इतना चले और कहीं न पहुंचे, कहीं ऐसा तो नहीं कि हम उसी जगह पर कूद रहे हैं! नहीं तो इतना चलकर कहीं तो पहुंचना चाहिए था!

जीवनभर आदमी यात्रा करता है और मरते वक्त वहीं पाता है, जहां जन्म के वक्त पाया था। यह यात्रा कुछ स्वप्निल मालूम पड़ती है। जैसे रात आप सो गए, और एक सपना देखा कि हवाई जहाज में उड़ रहे हैं, या न्यूयार्क पहुंच गए हैं, और बड़ी यात्रा है और बड़े कष्ट यात्रा के उठाए। और सुबह जब आंख खुलती है तो अपने घर में, अपने ही बिस्तर पर अपने को पाते हैं। तब आप कहते हैं, सब सपना था।

क्यों कहते हैं सपना था? अगर न्यूयार्क में आंख खुले, तब आप कह सकेंगे, सपना था? अगर कहीं पहुंच गए, फिर तो सपना न कह सकेंगे। सपने का अर्थ ही यह होता है कि चले बहुत, रहे वहीं। इसलिए सुबह कह पाते हैं, सपना है। अगर रात में कुछ आपके साथ तरकीब की जाए, आप सपना देखते हों न्यूयार्क जाने का और आपकी खाट को आपके मित्र उठाकर न्यूयार्क पहुंचा भी दें, और सुबह आंख खुले, तो पहली दफे जिंदगी में आपके मुसीबत खड़ी होगी। तब आपको बड़ा कठिन हो जाएगा कहना कि रात जो देखा, वह सपना था। तब वह सत्य हो जाएगा।

बुद्ध कहते हैं: सत्य का अर्थ है, जिस चलने से मंजिल मिले। असत्य का अर्थ है, जिसमें चलना तो बहुत हो, मंजिल बिलकुल न मिले। यात्रा लंबी, पहुंचना कहीं भी नहीं। और जब आंख खुले तो आप पाएं कि वहीं के वहीं खड़े हैं।

बुद्ध का जगत को सपना कहने का यह अर्थ है। बुद्ध भी जगत को माया कहते हैं, लेकिन ब्रह्म के विपरीत नहीं। वे कहते हैं: ब्रह्म तो है ही नहीं, बस यह माया है। और बुद्ध की बात समझने जैसी है। वे कहते हैं: ब्रह्म भी तुम्हारे मन की नई आशा है। तुम आशा छोड़ते ही नहीं। धन से छोड़ दी, संसार से छोड़ दी, तो तुम ब्रह्म में स्थापित कर लेते हो।

संसार व्यर्थ हो गया, समझ लिया यहां कुछ भी नहीं है, तो ब्रह्म में सब कुछ है। पहले संसार को पाना था, अब ब्रह्म को पाना है। लेकिन मन पाने से नहीं हटता। और बुद्ध कहते हैं, जब तक पाना बाकी है, तब तक मन बाकी है।

इसलिए बुद्ध कहते हैं : ब्रह्म को क्षमा करो, मत बीच में लाओ। क्योंकि तुम उसे भी वासना की दौड़ ही बना लोगे। कल तक बाजार की तरफ जाते थे, अब मंदिर की तरफ जाओगे, लेकिन जाओगे जरूर। कल तक धन इकट्ठा करते थे, रोज गिनती करते थे; अब पुण्य इकट्ठा करोगे, लेकिन इकट्ठा करोगे जरूर। धन भी संपदा है, पुण्य भी संपदा है।

और ध्यान रहे, धन भी समाज की मान्यता है और पुण्य भी समाज की मान्यता है। वह जो सौ का नोट है, वह सौ का इसीलिए है कि समाज स्वीकार करता है कि वह सौ का है। कल समाज कह दे, राज्य घोषणा कर दे कि सौ का नोट समाप्त हुआ—दो कौड़ी उसके दाम नहीं। जिसको हम पुण्य कहते हैं, वह भी समाज की मान्यता है।

हिंदुस्तान में एक विवाह करना पुण्य है; चार तुम कर लो, तो झंझट में पड़ोगे। हिंदू एक विवाह करे तो पुण्य है। क्योंकि पितृ-ऋण चुकेगा नहीं बिना विवाह के—बच्चे न होंगे, कैसे पितृ-ऋण चुकेगा? हिंदू चार विवाह कर ले, तो पाप है। और मुसलमान चार विवाह करे, तो पुण्य है; कोई भी पाप नहीं है। चार विवाह के सिक्के को मुसलमान स्वीकार करता है, हिंदू स्वीकार नहीं करता।

पुण्य-पाप भी सिक्के हैं, वे भी समाज के द्वारा। अगर तुम जंगल में अकेले हो तो वहां क्या पुण्य है और क्या पाप है? और सौ के नोट का क्या करोगे, एक का नोट क्या उपयोग का है? जंगल में सौ का नोट कागज है। पुण्य कागज है, पाप कागज है। जंगल में तुम कितने ही भले हो, तो भी भलाई को अर्जित नहीं कर सकते। और भले भी तुम किस भांति होओगे जंगल में? कोई वहां है नहीं, जिस पर दया करो। कोई है नहीं, जिसकी सेवा करो। बुरे कैसे होओगे? कोई है नहीं, जिसको गाली दो, जिसकी हत्या करो। तुम अकेले हो, तो पाप-पुण्य खो गया। पाप-पुण्य सिक्के हैं समाज के।

तो एक दफा आदमी धन इकट्ठा करता है, तिजोड़ी बनाता है। उस तिजोड़ी से भी अहंकार को भरता है कि मैं कुछ हूं, देखो कितनी संपदा मेरे पास है! फिर इससे हट जाता है तो—बुद्ध कहते हैं—वह पुण्य इकट्ठा करता है, फिर वह पुण्य की तिजोड़ी बनाता है।

और ध्यान रहे, पुण्य की तिजोड़ी ज्यादा चालाकी की बात है। क्योंकि यह तिजोड़ी यहीं छूट जाए, पुण्य की तिजोड़ी की आशा है कि साथ जाएगी, मौत उसको नहीं छीन पाएगी।

मैं एक गांव में था। उस गांव में मुसलमानों का एक संप्रदाय मानता है कि उनका पुरोहित मरते वक्त चिट्ठी पर लिख देता है कि इस आदमी ने इतने-इतने पुण्य किए, इतना दान किया; और दस्तखत कर देता है। वह चिट्ठी उस मरे हुए आदमी के साथ कब्र में रख दी जाती है, ताकि वह भगवान को दिखा दे कि यह पुरोहित का लिखा हुआ सर्टिफिकेट साथ लाया हूं।

बुद्ध कहते हैं : इस मूढ़ता में मत पड़ना। क्योंकि तुम्हारा यह भगवान, तुम्हारी दुकान का ही फैलाव हुआ। और तुम्हारा अहंकार नष्ट नहीं हो रहा है, खो भी नहीं रहा है। अब ब्रह्म के नाम से जुड़ रहा है, अब तुम ब्रह्म को पाकर रहोगे। अब, तब तक तुम्हें चैन नहीं है, जब

तक ब्रह्म तुम्हारी मुट्ठी में न आ जाए, जब तक तुम घोषणा न कर दो कि देखो, मैंने संसार में ही जीता नहीं, ब्रह्म को भी जीतकर ले आया हूं।

तुम्हारा मैं, तुम्हें स्वयं के अतिरिक्त और कुछ भी नहीं देखने देता। तुम्हारा ब्रह्म भी तुम्हारे भीतर रहेगा; तुम्हारा धन भी तुम्हारे भीतर; तुम्हारी वासना भी तुम्हारे भीतर; तुम्हारी प्रार्थना भी तुम्हारे भीतर।

सुना है मैंने, एक यहूदी धनपति एक हसीद फकीर के पास गया और उस धनपति ने कहा कि प्रार्थना करना चाहता हूं, कितनी ही कोशिश करूं, लेकिन प्रार्थना नहीं होती, वासना ही बनी रहती है। देना चाहता हूं, दान करना चाहता हूं, लेकिन दान के पीछे भी लोभ खड़ा रहता है; पाने की आकांक्षा खड़ी रहती है। छोड़ सकता हूं, लेकिन वह भी सौदा है। कुछ मिलने की आशा, और ज्यादा मिलने की आशा, तो छोड़ सकता हूं। और कितनी ही आंख बंद करता हूं, किसी परमात्मा का कोई दर्शन नहीं होता। मैं से ही भरा रहता हूं। क्या करूं? और क्या है इस उपद्रव का कारण?

उस हसीद फकीर ने कहा, आओ मेरे साथ। उठाया उस धनपति को, ले गया खिड़की के पास। खिड़की पर स्वच्छ कांच है। बाहर वृक्ष हैं, पक्षी हैं, आकाश में बगुले उड़ रहे हैं, बादल हैं, सूरज निकला है। उसने कहा, देखो बाहर। सब दिखाई पड़ता है। धनपति ने कहा, सब दिखाई पड़ता है, कांच बिलकुल निर्मल है, ट्रांसपेरेंट है, पारदर्शी है। फिर फकीर ले गया दूसरी दीवाल पर, जहां एक आईना लटका है, और कहा, इस कांच में और उस कांच में तुम कुछ फर्क पाते हो? धनपति खड़ा हुआ, सिवाय खुद की शकल के और कुछ भी दिखाई नहीं पड़ता है।

दोनों ही कांच हैं, फकीर ने कहा, फर्क क्या है?

धनपति हंसने लगा, उसने कहा, मैं समझ गया, रजत की एक पर्त! उस कांच पर कोई रजत की पर्त नहीं है, इस कांच पर इसके पीछे रजत की एक पर्त है। उस पर्त के कारण इसके आर-पार नहीं दिखाई पड़ता, मेरी ही शकल मुझे दिखाई पड़ती है। समझ गया, उस धनपति ने कहा, ऐसी ही रजत की पर्त मेरे चारों तरफ है। इसलिए जब भी देखता हूं कुछ और, कोई परमात्मा नहीं, कोई ब्रह्म नहीं, बस मैं ही दिखाई पड़ता हूं।

रजत कई तरह की हो सकती है। वह सांसारिक हो सकती है, आध्यात्मिक हो सकती है। लेकिन जब तक आपके ऊपर वासना की कोई भी पर्त है—वही रजत है—तब तक आप अपने से घिरे हैं।

बुद्ध ने एक बड़ी गहन घोषणा की, पृथ्वी पर पहली बार उतने शुद्ध ढंग से घोषणा की, और वह घोषणा यह थी कि तुम्हारा ब्रह्म तुम्हारे अहंकार का ही विस्तार है। इसलिए बुद्ध ने कहा, कोई ब्रह्म नहीं है। इसका तुम यह मतलब मत समझ लेना कि ब्रह्म नहीं है। बुद्ध ने कहा, कोई परमात्मा नहीं है। इससे तुम यह मतलब मत समझ लेना—अन्यथा भूल हो जाएगी—कि बुद्ध ने परमात्मा को इनकार किया।

बुद्ध ने जब कहा, कोई परमात्मा नहीं, कोई ब्रह्म नहीं, तब उन्होंने यह कहा कि तुम्हारा परमात्मा और तुम्हारा ब्रह्म, तुम्हीं हो। और तुम्हारा ही खेल है। तुम्हारे ही अहंकार के नए द्वार, नया फैलाव, नया विस्तार। तुम्हारा ब्रह्म तुम्हारे अहंकार का नया उपनिवेश है, वहां भी तुम अपने को ही बसाने चले हो।

उनकी शरण जाते हैं। और बुद्ध कहते हैं, शुरू से ही जागना। और अहंकार के द्वारा उनका नियंत्रण नहीं करना है, अहंकार को हटा ही देना है। इसलिए बुद्ध कहते हैं, न भीतर कोई आत्मा है, न कोई अस्मिता है—भीतर कोई है ही नहीं। तुम मात्र रथ हो, वहां सारथि कोई है ही नहीं। इस भाव से ही चलो।

तो शुरू अत्यंत कठिन है। लेकिन अंत बड़ा सरल है। क्योंकि इस भाव से जो चलेगा, उसको एक दिन ऐसा नहीं आएगा कि अचानक बढ़े हुए अहंकार को परमात्मा में फेंकना पड़े। वह तो धीरे-धीरे पाएगा कि अहंकार बचा ही नहीं। उसका विसर्जन बड़ा सुगम होगा। एक दिन अचानक वह पाएगा कि मैं तो हूं ही नहीं, ब्रह्म ही है। इस अवस्था को बुद्ध ने निर्वाण कहा है।

लेकिन अगर हम पूरी साधना-पद्धति को देखें, तो बात एक जैसी है। चाहे शुरू में कठिनाई, अंत में सरलता; चाहे शुरू में सरलता, अंत में कठिनाई। पूरे हिसाब में बात बराबर है। दोनों तराजू बराबर हो जाते हैं।

इसलिए प्रत्येक साधक को अपने लिए ही सोच लेना है। बुद्ध के साथ चलना हो तो शुरू में ही कठिनाई है। शंकर के साथ चलना हो तो अंत में कठिनाई है। इसलिए तुम पर निर्भर है। कठिनाई तो है ही, उसे तो पार करना ही होगा। तुम पर निर्भर है, तुम्हारा झुकाव, तुम्हारी नियति, तुम्हारा अपना जीवन, व्यक्तित्व का ढांचा, तुम्हारा टाइप। उसे तुम समझ लो, उस हिसाब से तुम आगे बढ़ो। पहुंच तुम वहीं जाओगे।

बुद्ध उसे निर्वाण कहते हैं, शंकर उसे ब्रह्म कहते हैं। शंकर शाश्वत को साधकर वहां पहुंचाते हैं, बुद्ध क्षण को साधकर वहां पहुंचाते हैं।

बुद्ध का विचार इसीलिए भारत में बहुत जड़ें नहीं जमा सका, क्योंकि हिंदू-विचार की लंबी परंपरा थी। और हिंदू-विचार ने क्षण का इतना विरोध किया था कि यह बात ही समझ में आनी मुश्किल थी कि क्षण के द्वारा भी कोई सत्य को पहुंच सकता है। और हिंदू-विचार ने इंद्रियों का इतना निरोध और विरोध किया था, क्योंकि पतंजलि ने पूरी परिभाषा ही योग की की: चित्तवृत्ति-निरोध। वह वृत्ति और चित्त को लड़ाना ही था। इसकी लंबी परंपरा थी। इस धारा में बुद्ध की बात बिलकुल विरोधाभासी मालूम पड़ी और लगा कि इससे हिंदू-विचार का सारा तंत्र टूट जाएगा।

इसलिए हिंदुओं ने जैसा दुश्मन बुद्ध में देखा, वैसा उनको कहीं और दिखाई नहीं पड़ा। महावीर से हिंदुओं ने उतना विरोध नहीं किया, इसलिए जैन हिंदुस्तान में बच सके। क्योंकि महावीर की भी साधना संकल्प की है, इंद्रियों के ऊपर वश पाने की है। साधना का मौलिक ढंग हिंदू है। इसलिए जैन में और हिंदू में कोई बुनियादी फासला नहीं है। सैद्धांतिक बातचीत का फर्क होगा। लेकिन ढांचा व्यक्तित्व का एक है।

इसलिए जैन हिंदुस्तान में बच सके, लेकिन बौद्ध को बचने देना असंभव हुआ। बुद्ध को तो उखाड़ना ही पड़ेगा। उखाड़ने का कारण है, क्योंकि बिलकुल विरोधी दृष्टि है यात्रा की। वह जो मधु का बिंदु टपका है, उसके स्वाद में इस भांति लीन हो जाना है कि वह मधु-बिंदु ब्रह्म हो जाए। यहां मधु का बिंदु था हिंदू-धारणा में, इंद्रिय, माया। बुद्ध की धारणा में मधु-बिंदु हो गया ब्रह्म, परम सत्य, वही।

दोनों सही हैं। और जब मैं कहता हूं दोनों सही हैं, तो बड़ी कठिनाई खड़ी होगी। क्योंकि सदा आसान है एक को सही कहना और दूसरे को गलत कहना। क्योंकि दोनों विपरीत दिखाई पड़ते हैं।

और धर्म की सबसे बड़ी कला यही है कि जहां भी आप विपरीत को पाएं, वहां जल्दी मत कहना कि दूसरा गलत है। क्योंकि धर्म, विपरीत को जोड़ने का ही नाम है। जल्दी मत करना। क्योंकि विपरीत को मन तत्क्षण कहना चाहता है, यह गलत है। क्योंकि मन यह कहता है कि दो में से एक ही ठीक हो सकता है। दोनों कैसे ठीक हो सकते हैं?

जीवन मन से बहुत बड़ा है। मन बहुत संकरा है। उसमें एक ही ठीक हो सकता है। जीवन में दोनों ठीक हो सकते हैं। बुद्धि बड़ी छोटी है। वहां जगह नहीं है विरोधी को समाने की। अस्तित्व विराट है। वहां विरोधी समाया हुआ है। वहा विरोधी भी साथ-साथ है। जितनी तुम्हारी धार्मिक दृष्टि पैनी होगी, उतना ही तुम पाओगे, सब विरोध समाहित हो जाते हैं।

प्रश्नः

भगवान श्री, आप हमें समर्पण के लिए कहते हैं और साथ ही यह भी कहते हैं कि मुझे जकड़ मत लो। और अब जो हमारी हालत है, उससे लगता है कि समर्पण के नाम पर आपको जकड़ ही लिया है। अब जैसे आपके बिना हम मर ही जाएंगे! ऐसा होने की वजह क्या है? ऐसे में हमें क्या करना चाहिए?

मर जाना चाहिए! वही समर्पण का अर्थ है। बचने की कोशिश नहीं करनी चाहिए। मरने में कुछ भी बुराई नहीं है, सारी बुराई बचने में है।

और क्या है बचाने को, जिसके लिए हम इतने चेष्टारत रहते हैं कि बचाओ! बचाओ! बचाओ! क्या है बचाने को? एक क्षण भी गौर से देखोगे, शांत बैठकर सोचोगे, तो तुम्हारे पास बचाने को भी क्या है?

और जब तुम्हें यह दिखाई पड़ जाएगा कि बचाने को कुछ भी नहीं है, तो मरने का भय तत्क्षण खो जाएगा। क्योंकि मरेगा कौन? जब बचाने को कुछ नहीं, तो खोना क्या है? यह डर कि कहीं कुछ खो न जाए, इस भ्रांति पर खड़ा है कि कुछ मेरे पास है। और तुम अपने घर के द्वार खोलकर कभी देखते भी नहीं हो कि वहां कुछ है? शायद इसी डर से नहीं देखते कि कहीं दिखाई न पड़ जाए कि कुछ भी नहीं है। क्योंकि फिर यह जो इतना शोरगुल मचाए रखते हो बचाने का, बचने का, यह भी न कर सकोगे। फिर बड़े असहाय मालूम पड़ोगे। तिजोड़ी न हो, लेकिन शोरगुल तो हम मचाए ही रखते हैं कि कहीं चोरी न हो जाए। उससे भी ऐसा लगता है कि कुछ है।

मरने का डर क्या है? उसमें इतना भय क्या है? तुम्हारे मिटने से क्या खोएगा? यह गहन से गहन सवाल है, जो साधक को अपने भीतर पूछना चाहिए कि मैं अगर मिट गया, तो हर्ज क्या है? क्या होगा मेरे मिटने से? अगर मैं नहीं हो जाऊं, तो इस नहीं स्थिति को

स्वीकार करने में बेचैनी क्या है? क्योंकि जो है की स्थिति है, वहां कोई सुख तो है नहीं। वह मैंने जो पीछे कहा, बस आशा है कि शायद सुख कभी होगा।

तुम जो भी हो, वहां पीड़ित और परेशान हो; जैसे भी हो, वहां पीड़ित और परेशान हो। फिर भी तुम कहते हो कि यह कहीं खो न जाए!

नहीं, मर जाओ! मरना ही बड़ी से बड़ी कला है। और जो मरना सीख लेता है, उसे ही जीवन का पूरा उत्सव उपलब्ध होता है।

जिस क्षण तुम अपने को छोड़ दोगे, उस क्षण तुम्हारे भीतर जीवन की सारी शक्तियां एक अनूठे नृत्य में लीन हो जाएंगी। तुम जब तक अपने को बचा रहे हो, उस बचाने के कारण नृत्य मुक्त नहीं हो पाता। तुम इतने डरे हुए हो कि तुम हंस नहीं सकते। तुम इतने भयभीत हो कि तुम्हारे भीतर फूल खिल नहीं सकते। तुमने अपने ही जीवन को अपने ही हाथों से इस बुरी तरह कस लिया है कि तुम्हारे हाथ ही तुम्हारी गर्दन को फांसी का फंदा बन गए हैं। और तुम दबाए जा रहे हो कि कहीं मैं मिट न जाऊं। और मिटने की तुम्हें जो प्रतीति हो रही है, वह तुम्हारे अपने ही हाथों की है। एक दुष्टचक्र पैदा हो जाता है।

एक मित्र मेरे पास आते हैं। दिनभर उन्हें सिरदर्द रहता है। तो सिरदर्द से बचने को रात शराब पी लेते हैं। शराब की वजह से दूसरे दिन सुबह से सिरदर्द शुरू हो जाता है। अब क्या करना चाहिए? सांझ को जब मुझे मिलते हैं तो वह कहते हैं, क्या करूं! पीना पड़ेगी, क्योंकि यह सिरदर्द है। सुबह जब मिलते हैं तो शिकायत करते हैं कि कैसे इससे छुटकारा हो? क्योंकि पी लेता हूं तो सिरदर्द हो जाता है।

बस यह जीवन की स्थिति है। एक तरफ तुम अपना दुख पैदा करते हो और दूसरी तरफ दुख से बचना चाहते हो। उनकी इच्छा क्या है अब? मैंने उनसे कहा कि तुम्हारी इच्छा कुछ ऐसी है कि शराब पीना तो जारी रहे और सिरदर्द न हो। उन्होंने कहा, बात आपने बिलकुल पकड़ ली। बस यही है।

और यह हो नहीं सकता। तुम्हारी भी इच्छा यही है कि तुम भी रहो और मुक्ति भी हो जाए। यह नहीं हो सकता। तुम मरो, तो मुक्ति। तुम बचो, तो बंधन। क्योंकि तुम ही बंधन हो। तुम्हारा न होना ही मोक्ष है।

आज इतना ही।

(मूल पुस्तक 'नहिं राम बिन ठांव' का आठवां प्रवचन)

4

दो पक्षी : कर्ता और साक्षी

एक ही दुख है, स्वयं की वास्तविकता को भूल जाना।
और एक ही आनंद है, स्वयं की वास्तविकता को पुनः उपलब्ध कर लेना।

प्रश्न :

भगवान, उपनिषद का प्रसिद्ध रूपक है, जिसका उल्लेख आपके वचनों में भी आया है। दो पक्षी साथ रहने वाले हैं, और दोनों मित्र हैं। वे एक ही वृक्ष को आलिंगन किए हुए हैं। उनमें से एक स्वाद वाले फल को खाता है और दूसरा फल न खाता हुआ केवल साक्षीरूप से रहता है। उस वृक्ष पर एक पक्षी—जीव—आसक्त होकर, असमर्थता से धोखा खाता हुआ शोक करता है। किंतु जब अपने दूसरे साथी—ईश—और उसकी महिमा को देखता है, तब शोक के पार हो जाता है। कृपापूर्वक इस रूपक के महत्व को हमें बताएं।

इस छोटे-से रूपक में जीवन की सारी व्यथा, जीवन का सारा संताप और उस वरदान की भी पूरी संभावना छिपी है, जो समाधिस्थ व्यक्ति को उपलब्ध होता है। व्यथा और समाधि, एगनी और एक्सटेसी, दोनों इस छोटे से रूपक में छिपे हैं। पहले हम जीवन की व्यथा को समझ लें, फिर जीवन के परम आनंद को। और तब इस रूपक का अर्थ सहज ही स्पष्ट हो जाएगा।

रात आप एक सपना देखते हैं : भटक गए हैं घने वन में; खोजते हैं, मार्ग नहीं मिलता; पूछते हैं, कोई बताने वाला नहीं; प्यासे हैं, जल का कोई झरना नहीं दिखाई पड़ता; भूखे हैं, दूर-दूर तक कोई फल दृष्टि नहीं आता। रोते हैं, चीखते हैं, चिल्लाते हैं, बड़े व्यथित होते हैं। फिर नींद खुल जाती है। एक क्षण में सब बदल जाता है। जहां व्यथा थी वहां हंसी आ जाती है। आप मुस्कुराने लगते हैं, यह सोचकर कि यह व्यथा एक स्वप्न थी।

लेकिन स्वप्न इतना निकट कैसे आ गया? स्वप्न इतना सत्य क्यों मालूम हुआ? स्वप्न में आप इतने क्यों खो गए? याद क्यों न कर पाए स्वप्न में कि यह स्वप्न है? क्यों यह बोध न जगा कि जो मैं देख रहा हूं, वह वास्तविक नहीं, मेरी ही कल्पना है।

नहीं जगा बोध, क्योंकि जागते भी साक्षी होना मुश्किल है, तो निद्रित, स्वप्न में तो साक्षी कैसे हुआ जा सकता है? जागते भी हम कर्ता हो जाते हैं, तो नींद में तो कर्ता हो ही जाएंगे। और कर्ता हो जाना जीवन की व्यथा है, वही जीवन की पीड़ा है।

कर्ता का अर्थ है, जो अपने आप हो रहा है, उसमें हम मान लेते हैं कि मैं कर रहा हूं। जो इंद्रियों में घटित हो रहा है, मान लेते हैं, मुझमें घट रहा है। जो मुझसे बाहर हो रहा है, समझ लेते हैं कि भीतर हो रहा है। कर्ता होने का अर्थ है, जिसके होने में मैं केवल साक्षीमात्र हूं, जहां मेरी उपस्थिति एक देखने वाले की है, वहां भ्रांति से मैंने अपने को नाटक का पात्र समझ रखा है, दर्शक नहीं।

स्वप्न में वह जो भटका है, वह आप नहीं हैं, क्योंकि आप तो भलीभांति अपने बिस्तर पर विश्राम कर रहे हैं। वह जो जंगल में भटक गया है, वह मन का ही एक रूप है।

मैंने सुना है, ऐसा हुआ कि एक आदमी की पत्नी मरी। पत्नी जब जिंदा थी, तब भी पति को सब तरफ से बांधे हुई थी। जरा भी हिलने-डुलने का उपाय न था। पति ऐसे ही दब्बू था, डरता था; कोई ज्यादा उत्पात खड़ा न हो, तो पत्नी जो कहती, मानता था। पत्नी मरी, तो मरने के पहले उससे कह गई कि ध्यान रखना, कभी दूसरी स्त्री पर विचार भी मत लाना, अन्यथा मैं भूत बनकर तुम्हें सताऊंगी।

डरा हुआ आदमी था। और डरा हुआ खुद ही भूत को पैदा करने में समर्थ हो जाता है। भय भूत बन जाता है। पत्नी मर गई। कुछ दिन तक तो उसने संयम रखा, भय के कारण।

और ध्यान रखें, जो संयम भय के कारण है, वह क्या संयम हो सकता है? तुम्हारे अधिक साधु-संन्यासी भय के कारण संयम रखे हैं। वैसे ही उस पति की दशा थी। भय कि कहीं नर्क न जाना पड़े, भय कि कहीं दंड न मिले, भय कि कहीं परमात्मा पकड़ न ले कुछ गलत करते हुए और पीड़ा न भोगनी पड़े—इससे संयम साधा हुआ है।

भय पर खड़ा हुआ संयम न केवल असत्य है, बल्कि बड़ी प्रवंचना है। और जो भय से संयम को साधता है, वह वास्तविक संयम को कभी उपलब्ध नहीं हो सकता। कुछ दिन चल सकता है।

कुछ दिन आदमी ने सम्हाला अपने को, लेकिन कब तक सम्हालता! फिर मन की वासनाएं कहने लगीं, तू भी क्या पागल है, जीते जी उससे डरा, अब मरकर भी उससे डरता है! और क्या पता, वह प्रेत हुई हो, न हुई हो! और उसके बस में थोड़े ही है प्रेत हो जाना! तो उसने एक स्त्री से प्रेम का खेल शुरू किया।

उस रात घर लौटा कि पत्नी मौजूद थी। वह बिस्तर पर बैठी थी। हाथ-पैर कंप गए, घबड़ाकर वहीं गिर पड़ा। पत्नी ने कहा, कहां से आ रहे हो, मुझे पता है। यह है नाम उस स्त्री का, ऐसा है उसका घर। क्या-क्या तुमने उससे कहा—यह-यह तुमने उससे कहा। और अभी भी सावधान हो जाओ, पहला कदम ही तुमने उठाया है।

अब तो पक्का था। न केवल पत्नी प्रेत हो गई है, बल्कि एक-एक शब्द जो उसने उस दूसरी स्त्री से कहा था, वे जो प्रेम की बातें और कविताएं कही थीं, वे भी सब उसने दोहराईं। मकान का सब नक्शा बताया, स्त्री का ढंग, रूप-रंग, सब बताया। बात साफ थी कि पत्नी वहां भी मौजूद थी।

बहुत परेशान हो गया। और पत्नी रोज सताने लगी। वह एक झेन फकीर के पास गया, नानइन उस फकीर का नाम था। नानइन सुनकर खूब हंसने लगा, उसने कहा कि तू जिस पत्नी से परेशान है, वह तो है ही नहीं। जिनकी पत्नियां नहीं मरी हैं, वे भी परेशान हैं, उन

पत्नियों से, जो नहीं हैं। सभी पत्नियां प्रेत हैं, और सभी पति प्रेत हैं। वास्तविकता तो मन देता है। इस जगत में जिस चीज को भी हम मन दे देते हैं, वही वास्तविक हो जाता है; मन हटा लेते हैं, वास्तविकता तिरोहित हो जाती है।

लेकिन उस आदमी ने कहा, ज्ञान की बातें न करो। तुम्हें पता नहीं कि किस मुसीबत में हूं! घर नहीं लौट सकता, दरवाजे पर खड़ी मिलती है। और ऐसे हाथ-पैर कंप जाते हैं; जिंदा थी तो इतना डर नहीं लगता था कि जिंदा है। अब वह मर चुकी है। कुछ तरकीब बताओ। और उसे सब पता है। जाते ही से वह कहेगी, नानइन के पास गए थे? पूछने तरकीब गए थे? मुझसे छुटकारा चाहते हो? मैं जो कहूंगा, वह भी सुन रही है वह; आप जो कहेंगे, वह भी सुन रही है। आप जो तरकीब बताएंगे, मुसीबत तो यह है कि वह सुन रही होगी, वह तरकीब काम न करेगी।

नानइन ने कहा, तरकीब ऐसी बताता हूं कि वह काम करेगी। वहां पास ही कोई फूलों के बीज नानइन को भेंट कर गया था, उसने एक मुट्ठी भरकर उस आदमी को दे दिए और कहा कि मुट्ठी बांध लो बीजों पर, घर चले जाओ। और सब बातें तो पत्नी बताएगी, तुम सुनते रहना। फिर उससे पूछना कि कितने बीज हैं, इनकी संख्या बता! और अगर संख्या ठीक न बता पाए तो समझ लेना कि सब झूठ है।

आदमी भागा बीज लेकर, तरकीब काम कर गई। पत्नी ने सब बताया कि नानइन क्या बोला, तूने क्या कहा। नानइन ने कहा कि बीज उठा ले, मुट्ठी में बांध ले और जाकर पूछ पत्नी से कि कितनी संख्या है और अब तू पूछने की तैयारी कर रहा है। डरा तो आदमी, कि यह बीज की संख्या बता देगी, यह काम होने वाला नहीं। लेकिन फिर भी उसने कहा, एक आखिरी कोशिश। पूछा। पत्नी तिरोहित हो गई। हैरान हुआ। लौटकर नानइन से कहा कि तरकीब क्या थी इसमें?

नानइन ने कहा कि तेरा मन जो जानता है, वही वह प्रेत बता सकता है। जो तेरा मन नहीं जानता, तेरा प्रेत नहीं बता सकता। क्योंकि तेरा प्रेत तेरे मन का विस्तार है। अगर तूने गिन लिए होते बीज, तो वह प्रेत भी बता देता। क्योंकि वह तेरा ही प्रोजेक्शन है, वह तेरी ही छाया है।

लेकिन हम प्रेत से डर सकते हैं। हम प्रेतों से ही डरे हुए हैं। शंकर इस जगत को माया कहते हैं, उसका अर्थ है, यह सारा जगत प्रेत है। यह है नहीं और दिखाई पड़ता है। यह है नहीं और है। और इसमें जितना है-पन है, वह तुमने डाला है। पहले तुम इसमें है-पन डालते हो, फिर फंस जाते हो, फिर बंध जाते हो। सपने को सच करने की सामर्थ्य तुम्हारी है। तुम खो जाते हो, तुम भूल जाते हो कि तुम हो।

भूख लगती है और तुम्हें लगता है कि मुझे भूख लगी, वहीं भ्रांति हो जाती है। भूख शरीर को लगती है, तुम्हें कभी लगी नहीं। और कभी लग भी नहीं सकती। तुम बहुत करीब हो, यह सच है। तुममें और शरीर के बीच जरा-सा भी फासला नहीं है, लेकिन तुम अलग हो। बहुत निकट खड़े हो।

पुराने शास्त्र कहते हैं, जैसे नीलमणि के पास अगर कोई कांच के टुकड़े को रख दे, तो वह कांच का टुकड़ा भी नीला दिखाई पड़ने लगता है। वह नीला हुआ नहीं है, लेकिन नीलमणि की छाया उस पर पड़ने लगती है। ऐसे ही तुम पास हो शरीर के, शरीर तुम नहीं

हो। शरीर में जो भी घटता है, वह इतने पास घटता है कि तुम्हारे ऊपर उसकी छाया पड़ने लगती है। तुम कहते हो, मुझे भूख लगी। और वहीं भ्रांति हो गई, वहीं संसार खड़ा हो गया।

भूख लगी शरीर को, और तुमने कहा, मुझे भूख लगी। चोट लगी शरीर को, और तुमने कहा, मुझे चोट लगी। शरीर बूढ़ा हुआ, और तुमने कहा, मैं बूढ़ा हुआ। शरीर मरने लगा, और तुमने कहा, मैं मरा। बस वहीं भ्रांति हो गई।

काश! तुम देख पाओ कि शरीर को भूख लगी और मैं देख रहा हूं, जान रहा हूं। काश! तुम समझ पाओ कि शरीर बीमार हुआ, शरीर बूढ़ा हुआ, शरीर मरने के करीब आया, मैं जान रहा हूं, मैं देख रहा हूं, मैं द्रष्टा हूं। सारा नाटक शरीर पर हो रहा है। शरीर जैसे एक विराट मंच है और उस सारे नाटक के पात्र तुम्हारे मन के ही प्रक्षेप हैं। और तुम खड़े दूर दर्शक-दीर्घा में देख रहे हो।

एक तुम्हारा कर्ता-पन है, जिससे संसार पैदा होता है। एक तुम्हारा साक्षी-पन है, जिससे ब्रह्म के दर्शन होते हैं। निद्रा में तो याद रह ही नहीं जाता, जागते में तुम भूल-भूल जाते हो। शरीर को चोट लगती है, तत्क्षण तुम भूल ही जाते हो कि शरीर को चोट लगी, मैंने जाना।

बस इतना ही साधना का सूत्र है कि कर्ता निर्मित जब होता हो, तब तुम होश से भर जाओ और कर्ता को निर्मित मत होने दो। सब कर्म शरीर पर छोड़ दो। सब वासनाएं, सब क्षुधाएं, सब आकांक्षाएं शरीर पर छोड़ दो। अपने पास तुम सिर्फ जानने की क्षमता बचाओ, सिर्फ होश, सिर्फ देखने की कला बचाओ।

इसलिए हमने इस मुल्क में दर्शन, फिलासफी को दर्शन का नाम दिया है।

देखने की क्षमता तुम बचा लो। बस जैसे ही तुम देखने में समर्थ हो जाओगे, उसी क्षण तुम पाओगे, सारे स्वप्न खो गए, सारे भूत-प्रेत तिरोहित हो गए, संसार नहीं है। स्वप्न लीन हो गया। तुम जाग गए। इस परम जागरण को हम बुद्धत्व कहते हैं। बुद्ध का अर्थ है, जागा हुआ। और यह परम जागा हुआ परम आनंद को उपलब्ध होता है। हम सोए हुए पीड़ा और व्यथा और दुख को उपलब्ध होते हैं।

एक ही दुख है, स्वयं की वास्तविकता को भूल जाना। और एक ही आनंद है, स्वयं की वास्तविकता को पुनः उपलब्ध कर लेना। आत्म-साक्षात्कार कहें, ब्रह्म-साक्षात्कार कहें, समाधि कहें, जो भी नाम रुचिकर लगे वह नाम दें, पर एक ही बात है।

उपनिषद की यह छोटी कथा, यह छोटा-सा रूपक! एक वृक्ष, जिस पर दो पक्षियों का वास है। वृक्ष बहुत पुराने दिनों से जीवन का प्रतीक है। जैसे बीज से वृक्ष फैलता है, खुले आकाश में उसकी शाखाएं दूर-दूर तक जाती हैं, बड़ी आकांक्षाएं लेकर वृक्ष आकाश को छूने चलता है, ऐसे ही जीवन फैलता है एक छोटे-से बीज से, एक वीर्य-कण से। फिर बड़ी आकांक्षाएं हैं, बड़ा फैलाव, बड़ी महत्वाकांक्षाएं, सारे आकाश को ढंक लेने का मन है, दूर-दिगंत तक पहुंच जाने की वासना है।

जीवन का वृक्ष है। इस जीवन के वृक्ष पर दो पक्षी बैठे हैं। एक पक्षी है, जो स्वाद लेता है, फलों को चखता है। और एक पक्षी है, जो सिर्फ देखता है, जो न फलों को चखता है, जो न स्वाद लेता है, जो किसी भी कर्म में नीचे नहीं उतरता। तो वह जो भोगी पक्षी है, वह नीचे की शाखा पर बैठा है। वह जो साक्षी पक्षी है, वह ऊपर की शाखा पर बैठा है।

वह जो भोग है, उसका अंतिम परिणाम व्यथा है। सुख तो मिलते हैं, लेकिन सुख सदा दुख मिश्रित मिलते हैं। और हर सुख अपने साथ अपने ढंग का दुख लाता है। और सुख तो ठहरता है क्षणभर, दुख पीछे लंबी धूमिल रेखा की भांति छूट जाता है। एक सुख के लिए हमें नामालूम कितने दुख उठाने पड़ते हैं।

और सुख को भी थोड़ा गौर से देखें, तो बहुत भ्रांत सिद्ध होता है। गौर से देखें, तो मिला भी था नहीं मिला, यह भी संदिग्ध हो जाता है। गौर से न देखें, तो लगता है मिला। पीछे लौटकर देखें, पचास साल गुजर गए, चालीस साल गुजर गए, साठ साल गुजर गए, इन साठ वर्षों में सच में कोई क्षण याद आता है, जिसकी आप ठीक से कसौटी करें और जो सुख का सिद्ध हो?

सुकरात का एक बहुत प्रसिद्ध वचन है, जिसमें उसने कहा है, अनएक्जामिन्ड लाइफ इज नाट वर्थ लिविंग, अपरीक्षित जीवन जीने योग्य नहीं है।

लेकिन अगर तुम जीवन की परीक्षा करोगे, तो तुम हैरान हो जाओगे कि वहां परीक्षा करने पर कुछ बचता ही नहीं।

लौटो और देखो, कब मिला सुख? शायद थोड़े से खयाल आएंगे। पहली दफा प्रेम में किसी के पड़े थे, तब सुख मिला था। लेकिन अब याददाश्त बड़ी धूमिल हो गई। और बड़ी धूल जम गई। उस धूल को निखारो और फिर से खोजो, हाथ-पैर भीतर कंपने लगेंगे। क्योंकि खोज करने से पता चलेगा कि तब भी आभास हुआ था, मिला नहीं था। और जितना ही खोजेंगे, उतना ही खो जाएगा।

बहुत विचार जो करेगा, उसे लगेगा, जीवन रिक्त है। इसलिए विचारक हमेशा जीवन में एंपटीनेस, रिक्तता अनुभव करेगा। सिर्फ मूढ़ हैं, जिनका जीवन भरा हुआ मालूम पड़ता है। चाहे वे रास्ते के किनारे कंकड़-पत्थर इकट्ठे करके जीवन की झोली भर रहे हों, लेकिन उन्हें यह खयाल होता है कि वे हीरे-जवाहरात इकट्ठे कर रहे हैं। झोली खोलकर देखेंगे, कंकड़-पत्थर पाएंगे, झोली गिर जाएगी और जीवन बड़ा रिक्त मालूम पड़ेगा।

जिसको अपने जीवन की रिक्तता नहीं दिखाई पड़ी, उसके जीवन में अभी धर्म का द्वार खुल नहीं सकता। क्योंकि जब भोग व्यर्थ दिखाई पड़ता है, तभी योग का जन्म होता है।

एक भी क्षण सुख का नहीं है और इतना दुख हम झेलते हैं उसे पाने के लिए।

एक आदमी एक भवन बनाता है। बड़े कष्ट लेता है, दौड़ता है, धूपता है, मुश्किल से धन इकट्ठा करता है। फिर भवन में आकर खड़ा हो जाता है और सोचता है, कहां सुख! लेकिन पुरानी आदत के कारण कुछ और बनाने में लग जाता है। दस रुपए पास हैं, दस हजार कर लेता है। दस हजार रखकर बैठ जाता है, सोचता है, कहां सुख! लेकिन इतनी भी फुर्सत हम मन को देते नहीं, क्योंकि इतनी फुर्सत खतरनाक है। दस हजार हो भी नहीं पाते कि दस लाख की हम चिंता में पड़ जाते हैं और सोचते हैं, दस लाख जब मिलेंगे, तब सुख होगा।

यह मन का ढांचा हो जाएगा। दस लाख मिलकर भी सुख नहीं होगा, क्योंकि तब दस करोड़ की वासना पैदा हो जाएगी। और हम कभी खाली जगह न छोड़ेंगे, जिसमें हम विचार कर लें, लौटकर देख लें, पुनर्विचार कर लें, फिर से खयाल में ले लें कि इतने दिन तक मेहनत करके दस लाख इकट्ठे किए; सुख, जो सोचा था, वह मिला या नहीं?

अगर आप अपना श्रम और अपनी उपलब्धि को सामने रखकर सोचेंगे, तो आप बड़ी मुश्किल में पड़ जाएंगे। उपलब्धि बिलकुल भी नहीं है, श्रम बहुत है। मेहनत में आपके कोई कमी नहीं, मेहनत इतनी ज्यादा है कि अपने को उसमें गंवाए ही दे रहे हैं। लेकिन डर लगता है, जांचने में डर लगता है। और डर इस बात का लगता है कि अगर जांचने से पता चला कि मुझे कुछ भी नहीं मिला, तो मैं असफल हो गया। असफलता का भय भारी है।

मैंने सुना है कि दो भिखारी एक सड़क के किनारे बैठकर बात कर रहे थे। एक भिखारी रोना रो रहा था, जैसा कि सभी भिखारी रोते हैं, फिर चाहे वे धनी भिखारी हों और चाहे निर्धन।

वह रोना रो रहा था अपने धंधे के संबंध में कि सब धंधा बिगड़ गया है। काम ही नहीं चलता। कोई देने को उत्सुक ही नहीं है। लोगों की नजर ही खराब हो गई है। जिसके सामने हाथ फैलाओ, वही और कहीं देखने लगता है। किसी से मांगो, तो पच्चीस उपदेश देता है, एक धेला देने की तैयारी नहीं है। संसार बिलकुल बिगड़ा जा रहा है, कलियुग आ गया है। लोगों में न दया है, न दान है, न ममता रही, न मनुष्यता का कोई प्रेम रहा। बस पैसे पर लोगों की पकड़ हो गई है, एक पैसा कोई देने को तैयार नहीं है। और अब मैं बहुत थक गया इस आवारागर्दी से, एक गांव से दूसरे गांव, न कोई इज्जत, न कोई प्रतिष्ठा। ट्रेनों में धक्के खाओ, बिना टिकिट सफर करो, जबर्दस्ती जगह-जगह उतारे जाओ। पुलिस है कि पीछे पड़ी रहती है, जैसे इसी के लिए नियुक्त किया है। जीवन बड़ा बदतर है।

तो दूसरे ने कहा कि फिर तू यह भिखारी का धंधा छोड़ ही क्यों नहीं देता? उस पहले आदमी ने सिर ऊंचा करके, रीढ़ ऊंची करके कहा कि क्या तुम समझते हो, मैं अपनी असफलता स्वीकार कर लूं?

भिखारी भी अपनी असफलता स्वीकार करने को राजी नहीं है, तो आप तो कैसे राजी होंगे! और चूंकि अहंकार असफलता स्वीकार करने को राजी नहीं होता, इसलिए अहंकार जीवन पर विचार करने को राजी नहीं होता। क्योंकि विचार की निष्पत्ति असफलता होगी। साफ दिखाई पड़ जाएगा कि सब असफल हुआ है, सब असफल गया है। सुख जरा भी नहीं है, दुख की बड़ी भीड़ है।

यह पहले पक्षी का जीवन-ढंग और ढांचा है। यह उसके जीवन की शैली है। बड़ी व्यथा उसे होती है, बड़े दुख में वह भरता है। और तब किसी क्षण में वह ऊपर सिर उठाकर देखता है।

उसका ही साथी, ठीक उसके ही जैसा, कहें कि दोनों जैसे साथ-साथ जन्मे; कहें, जैसे एक दूसरे के प्रतिरूप, एक दूसरे की छाया! वह दूसरा शांत और आनंदित बैठा है। वहां कोई कंपन नहीं, वहां दुख की कोई कालिमा नहीं, वहां आनंद का सूरज सदा ही उगा हुआ है, कभी डूबता नहीं।

उस दूसरे के आनंद का राज क्या है? उसका राज यह है कि वह भोक्ता नहीं है, कर्ता नहीं है। वह मात्र नीचे जो उछल-कूद चल रही है, उसे देखता है। और जब आप कर्ता नहीं होते, भोक्ता नहीं होते, तो सुख तो आपका हो ही नहीं सकता, दुख कैसे आपका होगा! जिसने सुख को अपना बनाना चाहा, दुख उसका हुआ। जिसने सुख को भी कह दिया, मेरा नहीं, सिर्फ देखने वाला हूं, दुख उससे सदा के लिए दूर हो गया।

दूरी तो हम भी चाहते हैं, लेकिन दुख से चाहते हैं। सुख से निकटता चाहते हैं। चाहते हैं, सुख तो मेरा हो, मैं भोक्ता रहूं; दुख मेरा न हो। दुख में बहुत लोग साक्षी होने का उपाय करते हैं। दुखी लोग मेरे पास आते हैं। वे कहते हैं कि बहुत उपाय करते हैं साक्षी होने का, कुछ हो नहीं रहा। मैं उनसे कहता हूं, दुख में उपाय मत करो, सुख में उपाय करो साक्षी होने का। और अगर तुम सुख में सफल हुए, तो ही दुख में सफल हो पाओगे।

दुख से दूर होने की आकांक्षा तो सभी की है, वह कोई साधना नहीं है। सुख से दूर होने की आकांक्षा सभी की नहीं है, वही साधना है। तो जब तुम्हारे जीवन में सुख का क्षण हो, तब तुम बैठकर अपने को दूर करना। जब तुम्हारे जीवन में शांति का क्षण हो, तब तुम बैठकर अपने को शांति से भी दूर कर लेना। यदि तुम ध्यान के मार्ग पर हो और किसी दिन ध्यान में परम शांति उतरने लगे, तत्क्षण अपने को दूर कर लेना।

बड़ा कठिन होगा। क्योंकि लोग सोचते हैं, शरीर के भोग से दूर करना है।

ध्यान का भोग भी भोग है। किसी दिन प्रार्थना में लीन हो गए हो और तुम्हारे चारों तरफ एक नई सुगंध आ गई, जैसे अंधेरे में अचानक घी के दिए जल गए; या भीतर जहां कभी कुछ नहीं खिला था, कोई कमल खिल गया और तुम बड़े आनंदित हो, तत्क्षण दूर कर लेना।

स्त्री से जो सुख मिलता है, पुरुष से जो सुख मिलता है, भोजन से जो सुख मिलता है, सुंदर वस्त्र पहन लेने से जो सुख मिलता है, स्वास्थ्य से जो सुख मिलता है, उससे तो अलग करना ही है, ध्यान से जो सुख मिलता है, उससे भी अलग कर लेना है। जहां भी सुख मिलता है, वहां तुम साक्षी होना, भोक्ता मत होना।

बस तुमने नींव रख दी जीवन को बदलने की। अचानक तुम पाओगे कि दुख अब तुम्हें नहीं छूता। दुख उसी को छूता है, जो सुख को पकड़ना चाहता है। सुख को पकड़ना, दुख के लिए निमंत्रण है। और तुम सभी सुख को पकड़ने को आतुर हो, हालांकि पकड़ में हमेशा दुख आता है। फिर भी तुमने कभी सोचा नहीं कि पकड़ना सदा चाहा सुख, पकड़ में सदा आया दुख! तुमने यह हिसाब भी कभी नहीं लगाया। इतनी तेजी में हो, इतनी जल्दी में हो, और नए सुख को पकड़ने के लिए इतनी भाग-दौड़ है, इतनी आपा-धापी है कि पीछे का हिसाब कौन लगाए?

जब भी सुख का कोई क्षण तुम पर उतरने लगे, सुख का कोई घूंघर तुम्हारे भीतर बजने लगे, तत्क्षण होश सम्हाल लेना। यही वास्तविक ध्यान है। यह होश का सम्हालना सुख में, यही वास्तविक ध्यान है।

मुश्किल होगा, क्योंकि कभी तो ऐसी शांति मिली और उससे भी अलग होने की बात की जा रही है! कभी तो झलक आई प्रकाश की एक! तो जब भी मैं अपने साधकों को कहता हूं कि ध्यान में जो मिले, उसके साथ एक मत हो जाना तो वे मेरी तरफ ऐसे देखते हैं कि बामुश्किल तो थोड़ी-सी झलक मिली, उसको भी मैं नष्ट करवाने की तैयारी कर रहा हूं। उनकी आंखों को देखकर मुझे लगता है, वे कहते हैं कि इतनी जल्दी नहीं, थोड़ा इस सुख को ले लेने दें, थोड़ा इसमें डूबने दें। और हम तो पूछने आए थे कि यह सुख कैसे बढ़े? और हम तो पूछने आए थे कि जो सुख आज मिला, वह कल भी कैसे मिले? और जो सुख अभी क्षणभर दिखा, वह शाश्वत कैसे हो जाए? और आप कहते हैं, इससे दूर कर लेना!

यह जो मैं कह रहा हूं, इससे दूर कर लेना, यही इसके शाश्वत होने का उपाय है। अगर तुम दूर न कर पाए, तो जो मिला है, वह भी खो जाएगा। कल तुम फिर खाली हाथ हो जाओगे और दुख पैदा होगा। ध्यान करने वालों को अगर सुख मिल जाए थोड़ा, तो दूसरे दिन दुख मिलता है। क्योंकि फिर वह जो सुख मिला था, वह नहीं आ रहा। फिर वे पूछते हैं कि कैसे वह फिर वापस आए। वह जो झरोखा खुला था, वह फिर कैसे खुले? और कुछ ऐसी तरकीब कि वह झरोखा बंद हो ही न, खुला ही रहे।

बस, दुख का उपाय शुरू हो गया। जिसने भी सुख को पकड़ना चाहा, उसने दुख को पकड़ लिया। जिसने सुख की पुनरुक्ति चाही, वह जो मिला था, वह भी खो गया।

जीसस का एक वचन है, जिनके पास है, उनसे छीन लिया जाएगा। और जिनके पास नहीं है, उन्हें दे दिया जाएगा। इसे तुम सुख के संबंध में याद रखना। किसी भी भांति का सुख है, वह छिनेगा। अगर तुम खुद ही उसे फेंक दोगे, तब तुमसे उसे छीनने वाला कोई भी नहीं। और जिसके पास नहीं है, उन्हें अनंतगुना मिलता रहेगा। और जब भी मिले, तब तुम उसे फेंकते जाना। तुम हर बार अनंत को अनंतगुना करते जाओगे।

और एक ऐसी घड़ी आती है, जब तुम समझ जाओगे कि सुख फेंकने की कला है और दुख पकड़ने की कला है। जितना पकड़ोगे, उतने दुखी। नर्क में जो लोग हैं, उनका दुख और कुछ नहीं है, उन्होंने बड़े सुख पकड़ रखे हैं। स्वर्ग में जो लोग हैं, उनका सुख और कुछ भी नहीं है, उन्होंने सब सुख छोड़ रखे हैं।

अगर यह समझ में तुम्हें आ जाए, तो सुख का अर्थ हुआ स्वतंत्रता और दुख का अर्थ हुआ परतंत्रता। इसलिए हमने परम आनंद को मोक्ष कहा है। मोक्ष का अर्थ है परम-स्वातंत्र्य, जहां सब छोड़ दिया गया है।

वह जो ऊपर बैठा पक्षी है, वह तुम्हारे भीतर भी बैठा है, तुम्हारे वृक्ष पर भी बैठा है। कभी-कभी उसकी तुम्हें झलक भी मिलती है। जब तुम देखने वाले हो जाते हो, तब तुम्हारी चेतना, नीचे के पक्षी से हट जाती है और ऊपर के पक्षी में लीन हो जाती है। कभी-कभी तुम्हें भी झलक मिली है। और उस झलक में जैसे बादल हट गए हों और खुला आकाश पीछे दिखाई पड़ा हो, तुम्हें भी दिखाई पड़ा है। चाहे तुम पहचान पाए न पहचान पाए, चाहे तुम समझ पाए इस घटना को न समझ पाए। लेकिन ऐसा आदमी खोजना मुश्किल है, जिसे कभी न कभी, साक्षी होने की क्षणभर को प्रतीति न हुई हो।

और जब भी ऐसी प्रतीति हुई है, तभी आनंद बरस गया है। तभी एक झोंका आया है और तुम्हारे चारों तरफ सब जीवित हो गया है।

कर्ता होने की प्रतीति तो हमको चौबीस घंटे है। चौबीस घंटे हम नीचे के पक्षी के साथ तादात्म्य साधे हुए हैं। दुख भोग रहे हैं। अब समय आया है कि आंख उठाओ और ऊपर के पक्षी को देखो। और वह तुम्हारे ही वृक्ष पर बैठा हुआ है। और अनंतकाल से प्रतीक्षा कर रहा है कि कब तक तुम दुख भोगते रहोगे? और दुख भोगकर भी तुम आंख नहीं उठाते!

कुछ ऐसा लगता है कि दुख में भी तुम्हें रस आ रहा है। अगर विरोधाभास न दिखे, तो कुछ ऐसा लगता है कि दुख में तुम कुछ सुख अनुभव कर रहे हो। दुख में भी हमारा इनवेस्टमेंट है। इसलिए तुम कहते जरूर हो कि हम दुख छोड़ना चाहते हैं, लेकिन तुम

छोड़ना नहीं चाहते। तुम आते भी ऐसे लोगों के पास हो, जहां दुख छूट जाए, लेकिन तुम पूरी तरह नहीं आते। शायद तुम अपनी आत्मा को घर ही छोड़ आते हो। आधे-आधे आते हो, अंश-अंश में आते हो। दुख में तुम्हारा कुछ न्यस्त स्वार्थ है।

एक महिला को मैं जानता था। वह जब भी आती तो उसका एक ही रोना था कि पति शराबी, जुआरी, सब पाप जो हो सकते हैं पति में, शिकायत और शिकायत। और मैं ही घर को चलाती हूं, न पति काम करता, न नौकरी पर जाता। और निश्चित ही वह चलाती थी घर को, खुद काम भी करती, कुछ छोटे-मोटे व्यवसाय भी सम्हालती। पति की भी चिंता रखती। और एक लड़की घर में, वह पंगु, उसको लकवा लग गया है। उसका भी एक बोझ उसके ऊपर, वह उठ भी न सके बिस्तर से। उठाना हो तो भी सहायता की जरूरत, भोजन भी करवाना हो तो उसी को करवाना पड़े। उसका जीवन एक शहीद का जीवन था।

वह जब भी आती, यही दुख सुनाती। लेकिन उसकी आंखों और चेहरे में मैं गौर करता, तो मुझे लगता, उसे इसमें रस है। क्योंकि इस पति के शराबी और जुआरी होने के कारण उसके अहंकार को बड़ी तृप्ति मिल रही है। पति दो कौड़ी का है, तो वह लाख का हीरा हो गई है। जीते हम तुलना में हैं। अगर पति श्रेष्ठ हो, तो पत्नी साधारण हो जाएगी। वह जो पत्नी की असाधारणता है, और गांवभर उसकी प्रशंसा करता है कि स्त्री हो तो ऐसी हो, वह पति के शराबी और जुआरी होने पर निर्भर है।

तो वह कहती है कि मैं बड़ी दुखी हूं, लेकिन सच में ही वह उस दुख से छुटकारा चाहेगी नहीं। क्योंकि उस दुख का छुटकारा, उसके सम्मान और गौरव-गरिमा का भी अंत होगा। वह लड़की दुखी है, बीमार है, परेशान है। और उसके लिए वह दुखी है, रोती है, इलाज का इंतजाम करती है। लेकिन वह भी उसकी शहीदगी का हिस्सा है। लोग दुख में रस लेते हैं, क्योंकि दुख तुम्हें शहीद बनाता है। और इसलिए शिकायत नहीं कर रही है वह असल में, प्रचार कर रही है। उसकी आंखों में देखो तो शिकायत का भाव नहीं दिखता, प्रचार का भाव दिखाई देता है।

फिर दुर्भाग्य से ऐसा हुआ कि लड़की मर गई। जिस दिन लड़की मरी, उसी दिन से उसके जीवन में आधा सुख चला गया। होना तो उसे प्रसन्न चाहिए था; कि चलो, लड़की दुख से छूटी और मैं भी दुख से छूटी। और भी दुर्भाग्य की बात कि आखिर में परेशान होकर पति भाग गया। इस सबको मैं निरंतर अध्ययन करता रहा, क्योंकि वह अक्सर आती थी। जिस दिन उसका पति भाग गया, उस दिन सब दुख का अंत हो जाना चाहिए था। क्योंकि यही वह कहती थी कि यह कैसे मर भी जाए तो भी ठीक है। यह चला जाए, इसका चेहरा मुझे नहीं देखना। आखिर वह चला भी गया, फिर लौटा भी नहीं। लेकिन उसी दिन से उसके चेहरे पर जो चमक थी, पत्नी के, वह खो गई। उसी दिन से वह उदास हो गई, उसके जीवन का सारा सार ही खो गया। वह उस जुआरी और शराबी पति में ही था। उसके कारण ही उसके जीवन में व्यस्तता थी। उसके कारण ही अर्थ था, अभिप्राय था। सब अभिप्राय खो गया, सब अर्थ खो गया।

आखिरी बार जब उस स्त्री को मैंने देखा, तो वह साधारण स्त्री हो गई थी। अब न कोई उसकी प्रशंसा करता है, न कोई उसके गीत गाता है। वह स्त्री जल्दी मर जाएगी, क्योंकि जीवन में जो भी धारा भी, गति थी, वह सब खो गई।

आप अपने दुखों की बात करते हैं। थोड़ा सोचना, उन दुखों के कारण कहीं आप शहीद तो नहीं हैं? थोड़ा सोचना, उन दुखों में कहीं आपका कोई सुख तो नहीं छिपा है?

आदमी बड़ा जालसाज है। वह अपने दुख को भी लीप-पोत लेता है, अपने दुख को भी साज-संवार लेता है, वह अपने दुख को भी शृंगार बना लेता है। और तब मुश्किल हो जाती है, क्योंकि वह शृंगार को कैसे फेंके? दुख तुम कभी का फेंक देते, अगर शृंगार तुमने न बनाया होता। कारागृह के तुम कभी के बाहर आ गए होते, लेकिन कारागृह को तुमने निवास समझा है। जंजीरें तुम्हारी, तुम्हारे सिवाय कोई नहीं पकड़े हुए है, लेकिन जंजीरों को तुम आभूषण माने हुए हो।

इसलिए ऊपर का पक्षी बैठा प्रतीक्षा करता है और तुम नीचे बड़ा दुख भोग रहे हो, बड़ा प्रचार कर रहे हो दुख का। और ऊपर का पक्षी हंसता होगा। वह तुम्हारे ही भीतर बैठा हंस रहा है, तुम जानते हो भलीभांति। कभी-कभी तुम्हें उसकी झलक भी मिली है। क्योंकि वही तुम्हारा वास्तविक स्वरूप है, तुम कितना ही उसे भूलो, कैसे भूल पाओगे? कभी न कभी उसकी याद आ ही जाएगी। कभी न कभी तुम्हारी शांति के क्षण में उसका स्वर तुम्हें सुनाई पड़ जाएगा। कभी न कभी खाली बैठे वह तुम्हें भर देगा।

लेकिन तुम उससे बच रहे हो। कर्ता होने में तुम्हें इतना मजा आ रहा है कि तुम साक्षी होने से बच रहे हो। मजे के कारण तुम काफी दुख उठा रहे हो, दुखों का प्रचार भी कर रहे हो। लेकिन शायद दुख अभी उस वाष्पीकरण के बिंदु तक नहीं पहुंचे हैं, उस जगह दुख नहीं आ गए हैं, जहां तुम्हारी गर्दन बिलकुल घुट जाए और तुम सिर उठाकर ऊपर देखो।

एक बार भी तुम सिर उठाकर ऊपर देख लो, तो तुम हैरान होओगे कि अब तक तुमने जन्मों-जन्मों में जो भोगा, वह एक लंबे दुखद स्वप्न से ज्यादा नहीं था। तुम्हारा वास्तविक स्वरूप सदा उसके बाहर रहा है।

इसलिए हिंदू कहते हैं कि तुम नित्य, सच्चिदानंद ब्रह्म हो। तुमने कभी कोई पाप नहीं किया, तुमसे कभी कोई बुराई नहीं हुई। हो नहीं सकती, क्योंकि करना तुम्हारा स्वभाव नहीं है।

जब पहली बार पश्चिम में उपनिषदों का अनुवाद हुआ, तो पश्चिम के विचारक राजी न हो सके। और पश्चिम के विचारकों को लगा कि ये कैसे धर्म-शास्त्र हैं! क्योंकि पश्चिम तो एक ही धर्म को जानता था, ईसाइयत को। और ईसाइयत का सारा आधार अपराध और पाप के भाव पर है, कि तुम पापी हो, पुण्य की चेष्टा करो; कि तुम भटक गए हो, मार्ग पर आओ; कि तुम निष्कासित किए गए हो परमात्मा के राज्य से, तो वापस लौटने के लिए परमात्मा को प्रसन्न करो; कि तुमने अपराध किया है, उसका पश्चात्ताप करो।

ईसाइयत का तो पूरा आधार ही पश्चात्ताप है, रिपेंटेन्स है। और ये उपनिषद कहते हैं कि तुमने कभी कोई पाप नहीं किया। किया ही नहीं, तुम करना भी चाहो, तो कर नहीं करते, क्योंकि कर्ता तुम्हारा स्वभाव नहीं है। तुम सिर्फ सपना देख सकते हो कि तुमने पाप किया या कर रहे हो, लेकिन कर नहीं सकते। तुम चाहो तो भी परमात्मा के राज्य से बाहर जाने का उपाय नहीं, क्योंकि उसके बाहर कुछ है ही नहीं। इस बगीचे के बाहर तुम्हें फेंका जा सकता है, लेकिन परमात्मा के बगीचे के बाहर तुम्हें नहीं फेंका जा सकता। क्योंकि जहां भी है, जो भी है, उसका ही बगीचा है।

ईसाइयों का इदन का बगीचा छोटा रहा होगा। हिंदुओं का इदन का बगीचा विराट है। वे कहते हैं, उसके बाहर कोई जगह नहीं, जहां तुम्हें भेज दें। परमात्मा तुम्हें भगाना भी चाहे, तो कहां भगाएगा? निकालना भी चाहे, तो कहां भेजेगा? वही है। तुम जहां भी रहोगे, उसी में रहोगे। और वह सब जगह एक ही मात्रा में है, कहीं कम और कहीं ज्यादा भी नहीं हो सकता। क्योंकि अस्तित्व...इसे थोड़ा समझ लें। सब चीजों में मात्रा में भेद हो सकते हैं, अस्तित्व की मात्रा में भेद नहीं होते। यह वृक्ष है, इसका रंग हरा है; दूसरा वृक्ष है, उसका रंग पीला है, रंग का भेद है। एक पक्षी है, छोटा है, एक पक्षी बड़ा है, वजन का भेद है। एक आदमी है, थोड़ी बुद्धि है, एक आदमी है, बड़ी बुद्धि है, बुद्धि का भेद है। लेकिन अस्तित्व है वृक्ष का, अस्तित्व है पक्षी का, अस्तित्व है पत्थर का, अस्तित्व है आदमी का, उसमें जरा भी भेद नहीं है। अस्तित्व कम-ज्यादा नहीं है, अस्तित्व छोटा-बड़ा नहीं है।

अस्तित्व एकमात्र चीज है जो बराबर और सम है। पत्थर भी उतना ही अस्तित्ववान है, जितने तुम। उसके होने का ढंग अलग, तुम्हारे होने का ढंग अलग, लेकिन दोनों का होना बराबर है, होने में कोई भेद नहीं है। हम उस होने को ही ब्रह्म कहते हैं।

तो जब उपनिषद पहली दफा गए तो बड़ा मुश्किल हुआ पश्चिम के लोगों को समझना, कि यह कैसा धर्म है? यह तो बड़ा खतरनाक है! अगर लोग ऐसा समझ लें कि पाप उनसे न हुआ है, न हो सकता है, तो फिर पश्चात्ताप वे क्यों करेंगे? और बिना पश्चात्ताप के प्रभु के मंदिर में प्रवेश कैसे होगा? और अगर पापी यह समझ लें कि हम स्वयं ब्रह्म हैं, तो फिर पुरोहित की क्या जरूरत? फिर पुरोहित क्या समझाएगा? किसको सुधारेगा? किसको ठीक करेगा? चर्च खो जाएगा।

इसलिए यह जानकर आपको हैरानी होगी कि हिंदू-धर्म अकेला धर्म है, जिसके पास कोई चर्च नहीं है, जिसके पास पुरोहितों का कोई संगठित समाज नहीं है, जिसके मंदिर में पादरी जैसा कोई व्यक्ति नहीं है और जिसका धर्म निजी और व्यक्तिगत सूझ-बूझ से चलता है, किसी व्यवस्था से नहीं। कोई व्यवस्थापक नहीं है ऊपर। धर्म निजी, अंतर्भूत, स्वयं की प्रतीति से संचालित होता है।

हिंदू-धर्म बहती हुई नदियों की भांति है। ईसाइयत पटरियों पर चलती हुई रेलगाड़ियों की भांति है, सब आयोजित है, सब व्यवस्थित है। हिंदू-धर्म एक अराजकता है, एक अनार्की। और धर्म अराजक ही हो सकता है। क्योंकि धर्म कोई राज्य नहीं है। धर्म परम स्वतंत्रता है। तो परम स्वतंत्रता तो अराजकता के माध्यम से ही उपलब्ध होगी। और यह सबसे बड़ा अराजक सूत्र है कि तुमने न कभी कुछ किया है, न तुम चाहो तो भी कुछ कर सकते हो, न तुम कभी कुछ कर सकोगे! तुम्हारा होना परम शुद्धता है। तुम्हें शुद्ध नहीं होना है, क्योंकि तुम अशुद्ध हुए नहीं। तुम्हें सिर्फ यह पहचान, यह प्रत्यभिज्ञा, यह रिकग्नीशन लाना है कि मैं शुद्ध हूं।

इसलिए हिंदुस्तान में हम ब्रह्म को खोज नहीं रहे हैं, सिर्फ ब्रह्म को पुनः स्मरण कर रहे हैं। संत इसलिए अपने साधना के सूत्र को स्मृति कहते हैं। कबीर सुरति कहते हैं, वह स्मृति का ही बिगड़ा हुआ नाम है। बस, एक याद आनी है। जैसे कोई सम्राट का पुत्र हो और भीख मांग रहा हो और उसे याद आ जाए कि यह मैं क्या कर रहा हूं, मैं सम्राट का पुत्र हूं, बात खतम हो गई।

इस याद के साथ ही उसकी चेतना का गुण-धर्म बदल जाएगा। जिस दिन तुम्हारा दुख काफी हो जाए और जिस दिन तुम अपने दुखों में रस लेना बंद कर दो...। क्योंकि जब तक तुम्हें रस आता हो, तब तक रोकने वाला मैं भी कौन हूं? और जब तक तुम्हें रस आता हो, रस लेना ही चाहिए। और जल्दी से कुछ भी न होगा, फल पकेंगे, तो ही गिरेंगे। और कच्चे फल तोड़ना उचित भी नहीं है। अगर तुम्हें अभी भी दुखों में रस आ रहा हो, तो वही तुम्हारी नियति है, खूब रस लेना। और जल्दी मत करना, किसी की सुनकर बीच रास्ते से मत मुड़ आना, नहीं तो वह रास्ता फिर पूरा करना पड़ेगा। उससे बचने का कोई उपाय नहीं है।

इस जगत में कोई भी विकास, कोई भी ग्रोथ उधार नहीं हो सकती। अगर तुम्हें अभी दुख में रस आ रहा है, तो तुम ठीक से रस लेना। ताकि पूरा रस ले लो और दुख अपनी परिपूर्णता पर पहुंच जाएं, उनकी निष्पत्ति आ जाए। अगर जहर ही पीना है, तो आकंठ पी लेना। ताकि तुम उसमें डूबो, तो उबर सको।

तुम्हारी तकलीफ क्या है कि न तुम अमृत की तरफ जाते, न तुम जहर को पूरी तरह पीते, इसलिए तुम उलझ गए हो, तुम बीच में अटक गए हो। जहर तुम पीना चाहते हो, उसमें रस तुम्हें है। लेकिन उससे जो दुख आता है, वह भी तुम नहीं झेलना चाहते। तुम एक असंभव की कोशिश कर रहे हो कि जहर तो पीऊं और आनंद अमृत जैसा आए। यह नहीं होगा। यह नहीं होगा, क्योंकि यह वस्तुओं का स्वभाव नहीं है। अमृत पीओगे तो आनंद आएगा, जहर पीओगे तो दुख आएगा। और जहर में रस है, तो पूरी तरह पीओ। ताकि पूरा दुख हो जाए, तुम दुख के द्वारा पक जाओ। व्यथा पकाती है। और दुख तुम्हें तैयार करता है आत्यंतिक छलांग के लिए। एक न एक दिन तुम लौटकर पीछे देखोगे और उस दूसरे पक्षी को बैठा हुआ पाओगे।

और ध्यान रहे, दूसरे पक्षी के संबंध में सुनी हुई बातों से कुछ भी न होगा, तुम्हें स्वयं ही देखना पड़ेगा। ये उपनिषद कितना ही कहें, उपनिषदों के द्वारा जो कहा गया है, वह ऐसा ही है जैसे किसी ने हिमालय को चित्रों में देखा हो। हिमालय के उत्तुंग शिखरों पर छाई हुई सफेद बर्फ देखी हो। लेकिन उससे शीतलता नहीं मिलेगी। जो हिमालय के उस उत्तुंग शिखर पर गया है, उसने जो जाना है, वह तुम न जानोगे। कागज पर खींची हुई लकीरें हिमालय कैसे हो सकती हैं? उसको छाती से लगाकर तुम बैठ जाओ और यह मान लो कि तुम पहुंच गए हिमालय और पा लिया तुमने वह शांति और सुख का साम्राज्य, तो तुम्हारी यात्रा ही समाप्त हो गई। तुम उठोगे और चलोगे भी नहीं।

मैंने सुना है, ऐसा हुआ एक बार। दुर्भाग्य से काशी का एक गधा पढ़-लिख गया। दुर्भाग्य इसलिए कि एक तो वैसे ही गधा और फिर पढ़ा-लिखा। वह जैसे कोई नीम के झाड़ पर करेले को चढ़ा दे। वैसे ही कड़ुवा फिर नीम का सत्संग। काशी का गधा था, चारों तरफ पांडित्य की हवा थी, जल्दी ही पंडित हो गया। शास्त्र उसे कंठस्थ हो गए।

गधों की स्मृति अक्सर अच्छी होती है। बुद्धि जितनी कम होती है, स्मृति उसको पूरा करती है। बहुत बुद्धिमान लोग अक्सर भुलक्कड़ हो जाते हैं। बुद्धू बुद्धि पर तो टिक नहीं सकते, तो उन्हें याददाश्त से ही अपने जीवन को चलाना पड़ता है।

तो इस गधे की याददाश्त बड़ी अच्छी थी। जो भी पढ़ता, बिलकुल कंठस्थ हो जाता। पंडितों के आस-पास जहां चर्चाएं चलतीं, सत्संग होते, वह भी खड़ा सुनता था। अक्सर उसे

सुनाई पड़ता था, काशी की हवा, वहां भंग और भंग का पीना और भंग का आनंद और भंग का घुटना और जय भवानी, वह सब सुनता था। भंग के संबंध में उसने इतनी बातें सुनीं और काशी की सड़कों पर चलते हुए भंगेड़ियों को ऐसे आनंद से डोलते देखा कि उसके मन में भी वासना जगी कि यह भंग तो ब्रह्म का द्वार है और इसके बिना कोई प्रवेश हो नहीं सकता, इस भंग को खोजूं। शास्त्रों में बड़ी महिमा पढ़ी, महिमा कंठस्थ भी हो गई।

फिर एक दिन एक कबाड़ी की दुकान पर उसे एनसायक्लोपीडिया ब्रिटानिका दिखाई पड़ गया। तो उसमें उसने उलटकर देखा तो भंग के पौधे की तस्वीर बनी थी। तो उसने तस्वीर को बिलकुल आंखों में बसा लिया। अब उसके पास पूरी साधना के सूत्र थे। भंग की पूरी महिमा उसे पता थी। भंगेड़ियों के कृत्य भी उसने देखे थे, उनका आनंद भी देखा था, उनकी आंखों की मस्ती, उसकी भी उसे खबर थी। भंगेड़ियों के सत्संग में खड़े होकर उनकी चर्चा भी सुनी थी। किसी अलौकिक लोक की वे बातें कर रहे थे! किसी अज्ञात का हल्का स्पर्श उसे इनकी चर्चाओं में हुआ था। शब्दों से उसे खबर मिल गई थी। और अब उसके पास चित्र भी था। अब वह जल्दी ही तलाश कर लेगा।

गंगा के किनारे चरते उसने एक दिन देखा कि एक पौधा ठीक वैसा, जैसा ब्रिटानिका में चित्र बना था, वैसा ही है। लेकिन पक्का कैसा हो कि वह भंग ही है, मिलता-जुलता कोई पौधा हो सकता है। उचित यही है कि उस पौधे से ही पूछ लिया जाए।

वह पौधा साधारण घास-पात था। अक्सर उग आता है, तो लोग बगीचे से उसे उखाड़कर फेंक देते हैं, क्योंकि उसकी कोई उपयोगिता नहीं।

इस गधे ने जाकर पूछा कि क्या मेरे भाई, तुम भंग के पौधे हो? वही जिसकी महिमा शास्त्रों में है? और ब्रिटानिका में तुम्हारा चित्र देखा, हूबहू वही हो। जहां तक मेरी समझ जाती है और स्मृति, तुम ही हो वह, जिसकी मैं तलाश में हूं।

वह पौधा साधारण घास-पात का था। कभी किसी ने इतनी महिमा उसे न दी थी कि कहे कि जय भंग-भवानी या ऐसा धार्मिक पद और ऐसी ऊंचाई की प्रतिष्ठा कभी किसी ने न दी थी। माना कि यह गधा है, फिर भी गधे भी प्रशंसा करें तो अहंकार को अच्छी लगती है। अहंकार यह नहीं देखता कि कौन कर रहा है, अन्यथा दुनिया में खुशामद बंद हो जाए।

पौधा थोड़ा तो सकुचाया कि न कर दूं, लेकिन यह मौका दुबारा जीवन में आएगा, इसकी आशा नहीं है। यह सम्मान का क्षण खोने जैसा नहीं है। तो उस पौधे ने कहा कि हां, मैं ही हूं वह, जिसकी तुम तलाश कर रहे हो। झटपट गधे ने जो भी सीखा था भंगेड़ियों से, जो भी क्रियाकलाप, कर्म-कांड करना था, वह किया। पौधे को चर गया।

चरकर उसने देखा, लेकिन कोई मस्ती आती नहीं मालूम पड़ रही। शायद अभ्यास न होने से ऐसा हो। तो पैर डांवाडोल किए, झूला, भंगेड़ियों को देखा था, वैसा चलने भी लगा, अनर्गल बकने भी लगा। लेकिन भीतर उसे शक तो बना ही हुआ है। यह सब हो रहा है ठीक, लेकिन यह हो रहा है ऊपर-ऊपर। या तो ब्रिटानिका में कहीं कोई भूल हो गई, या बाकी भंगेड़ी भी ऐसा ही कर रहे हैं और या यह पौधा धोखा दे गया। समझाने की सब तरफ कोशिश करता है कि ठीक ही हो रहा है, लेकिन भीतर तो कोई देख ही रहा है कि यह सब ठीक हो नहीं रहा, यह सब मैं कर रहा हूं, यह मैं करता हूं।

शास्त्र से तुम ब्रह्मज्ञान सुन लो, उपनिषद तुम्हें बता दें ऊपर के पक्षी की बात, तुम्हें कंठस्थ भी हो जाए, तुम ऐसे ही जीने भी लगो, ऐसे ही चलने भी लगो, जैसा संन्यासी को उठना-बैठना, चलना चाहिए—बाकी तुम्हें भीतर लगता ही रहेगा कि कहीं कुछ गड़बड़ है।

स्वानुभव के बिना, स्वयं जाने बिना, कोई और जानना किसी भी अर्थ का नहीं है। उपनिषद की कथा समझ में आने से कुछ भी समझ में न आएगा। जब तुम्हारे भीतर की कथा खुलेगी, और तुम्हारे जीवन के वृक्ष पर तुम दूसरे पक्षी को बैठा देख पाओगे, तब तुम्हें उपनिषद भी समझ में आएगा। उसके पहले उपनिषद भी समझ में नहीं आ सकता।

तो मेरी तकलीफ तुम्हें खयाल में ले लेनी चाहिए। यह रूपक मैंने तुम्हें समझाया, यह भलीभांति जानते कि तुम इसे कैसे समझोगे! भलीभांति जानते हुए कि मेरे शब्दों को अगर तुमने समझ लिया कि समझ गए, तो नुकसान हुआ। लेकिन फिर भी यह रूपक समझाया कि यह भी तुम्हारे खयाल में आ जाए कि ऐसी संभावना है। अभी तुम इसे मान मत लेना कि तुम्हारे पीछे एक साक्षी बैठा ही हुआ है। कौन जाने उपनिषद गलत कहते हों, ब्रिटानिका में गलत तस्वीर छपी हो, पौधा धोखा दे रहा हो, कोई नहीं जानता। तुम जल्दी मत कर लेना, मानने की जल्दी करना ही मत। क्योंकि जो जल्दी-जल्दी मान लेता है, वह जानने से वंचित रह जाता है। सिर्फ एक संभावना।

मेरी सारी कोशिश इतनी ही है कि तुम्हारे जीवन में एक संभावना की प्रतीति हो जाए। इतना भर हो कि तुम जो हो, उतना ही तुम्हारा पूरा होना नहीं, कुछ बाकी है। इतना ही कि जहां तुम खड़े हो, वहां से थोड़ा आगे जाया जा सकता है, यात्रा समाप्त नहीं हो गई है। इतना ही कि तुमने जो पाया है, वही पाने को नहीं था, और भी कुछ पाने को है। बहुत धुंधला-धुंधला खयाल हो, कोई हर्जा नहीं, धुंधला ही होगा, खयाल ही होगा।

इस खयाल के पैदा करने के लिए तो तुम्हें समझा रहा हूं। उस खयाल के पैदा होने पर दो रास्ते निकलते हैं। एक कि तुम उस खयाल को ही कंठस्थ करते चले जाओ तो बिना भंग पीए तुम्हारे पैर थोड़े दिनों में डगमगाने लगेंगे, बिना भंग पीए थोड़े दिन में तुम मस्ती में आ जाओगे। वह मस्ती झूठी होगी, वह डगमगाहट झूठी होगी, तब तुम भटक गए।

दूसरा एक उपाय है कि वह जो खयाल तुम्हारे मन में पैदा हो जाए कि कुछ और संभव है, मैं चुक नहीं गया हूं, अभी और भी अस्तित्व मेरा बाकी है जो खुल सकता है; यह किताब पूरी नहीं हो गई, इसमें अभी कुछ बंधे हुए अध्याय शेष रह गए हैं; यह घर मैंने पूरा नहीं छान लिया, अभी कुछ तलघरे बाकी हैं, जिनमें खजाना हो सकता है—ऐसा आभास! लेकिन यह आभास तुम्हारा बौद्धिक ज्ञान न बने, बल्कि तुम्हारे जीवन की साधना बन जाए। इसे तुम मानकर न बैठ जाओ, बुद्धि में प्रत्यय न बना लो, बल्कि ध्यान और समाधि की दिशा में तुम कुछ करना शुरू कर दो।

वह जो दूसरा पक्षी है, उसे देखने के लिए कुछ बातें सूत्र की तरह खयाल ले लेनी चाहिए। पहला, तुम अभी पहले पक्षी हो, जो नीचे बैठा है। इस पक्षी से ठीक से परिचित हो जाओ। इसका दुख पूरा भोगो, इसकी जलन, इसका दंश पूरा अनुभव करो। इसके जो कांटे सब तरफ से चुभ रहे हैं, उन्हें चुभ जाने दो, ताकि उनकी पूरी पीड़ा तुम्हारे हृदय को घेर ले। इसमें तुम झूठे, मादकता के, भुलावे के उपाय मत करो।

तुम कई तरकीबें निकालते हो। तुम कहते हो, पिछले जन्मों के कर्मों के कारण जरा दुख भोग रहा हूं। इस जन्म के कर्मों के कारण नहीं, पिछले जन्मों के कर्मों के कारण।

इससे तुम्हें क्या आश्वासन मिलता होगा?

एक आश्वासन मिलता है कि पिछले जन्मों के कर्मों के संबंध में अब कुछ किया नहीं जा सकता। जो हो गया, सो हो गया, भोगना पड़ेगा।

अगर मैं कहूं, इस जन्म के कर्मों के कारण, तो थोड़ी निकट है बात, कुछ किया जा सकता है। और अगर मैं कहूं कि इसी क्षण कर्ता होने के कारण, तब तुम बहुत मुश्किल में पड़ जाओगे। क्योंकि कर्मों के कारण भी दूर की बात हुई। कर्म का अर्थ, जो हो चुका।

तुम कर्मों के कारण दुख नहीं भोग रहे हो, तुम कर्ता होने के कारण दुख भोग रहे हो। कर्ता तुम पिछले जन्मों में थे, उसका भी भोग रहे हो; कर्ता तुम अभी भी हो, उसका भी भोग रहे हो। लेकिन भोग का कारण तुमने क्या किया, वह नहीं है, तुम करने के साथ एक हो जाते हो, वह है। इसे तुम इसी क्षण छोड़ सकते हो।

तो धीरे-धीरे कर्ता होना कम करो। बजाय उस दूसरे की खोज के, तुम जहां हो, वहां थोड़े रूपांतरण करो, कर्ता होना कम करो। और देखने की प्रक्रिया पर ज्यादा जोर दो, जहां भी तुम्हें मौका मिले। ये दो उपाय हैं—या तो कर्ता हो जाओ या द्रष्टा। तुम कोशिश करो द्रष्टा होने की। यहां मैं बोल रहा हूं, तुम सुन रहे हो। अगर तुम सुन ही रहे हो, तो तुम कर्ता हो गए, क्योंकि सुनना तुम्हारी क्रिया हो गई। अगर तुम द्रष्टा होने की कोशिश करोगे, तो यहां फिर मैं बोल रहा हूं, तुम सुन रहे हो और तुम देख भी रहे हो। अगर मेरा द्रष्टा भी जागा हुआ है और तुम्हारा द्रष्टा भी जागा हुआ है, तो जहां दो व्यक्ति हैं, वहां चार हो गए। एक बोलने वाला, एक देखने वाला, एक सुनने वाला और एक देखने वाला। सुनो भी और देखो भी कि तुम सुन रहे हो।

यह इसी क्षण तुम कर सकते हो। इसके करने के लिए कुछ उपाय-आयोजन नहीं है। तुम सुन रहे हो। सुनने की घटना शरीर और मन में घट रही है, तुम इस सुनने की घटना को भी पीछे खड़े देख रहे हो कि यह सुनना हो रहा है। जरा-सी भी झलक तुम्हें मिलेगी, तत्क्षण तुम पाओगे कि उसी क्षण में दुख खो जाता है, अशांति खो जाती है, तनाव खो जाता है।

तो जहां-जहां द्रष्टा और कर्ता का मौका हो, वहां-वहां तुम द्रष्टा की तरफ ढलो, झुको। कर्ता की पुरानी पकड़ है लंबी, संस्कार गहरे हैं, जरा ही भूल हो गई कि कर्ता तुम्हें खींच लेगा। लेकिन कोई हर्जा नहीं। कर्ता के संस्कार कितने ही गहरे हों, वह झूठ है। झूठ के संस्कार कितने ही गहरे हों, तो भी उनका कोई बड़ा वजन और कोई बड़ा मूल्य नहीं है। साक्षी तुम्हें कितना ही भूल गया हो, वह स्वभाव है; कितनी ही विस्मृति हो गई हो, उसे पाना कठिन नहीं है, उसे पुनः जगाया जा सकता है।

भोजन करते, रास्ते पर चलते, स्नान करते, करने पर भाव कम, देखने पर भाव ज्यादा। अपने बाथरूम में खड़े हो, स्नान कर रहे हो शावर के नीचे, स्नान भी करो और देखो भी कि शरीर स्नान कर रहा है। भोजन कर रहे हो, करो भी और देखो भी कि शरीर भोजन कर रहा है।

जल्दी ही दूसरा पक्षी फड़फड़ाता हुआ तुम्हें मालूम पड़ने लगेगा। दूसरा पक्षी जल्दी ही पर फड़फड़ाएगा, जल्दी ही तुम सचेत हो जाओगे कि कोई और भी वृक्ष पर मौजूद है, तुम

कर्ता की तरह अकेले नहीं हो। और जैसे-जैसे दूसरे की प्रतीति सघन होगी, पहले की प्रतीति विरल होती जाएगी। जैसे-जैसे दूसरा दिखाई पड़ेगा, पहला खोता जाएगा।

और कथा में जो नहीं कहा है, वह मैं तुमसे कहता हूं, जिस दिन तुम्हारी प्रतीति पूरी हो जाएगी साक्षी की, उस दिन दूसरा खो जाएगा, तुम वृक्ष पर पाओगे कि एक ही पक्षी है।

अज्ञानी भी पाता है कि एक ही पक्षी है, कर्ता। दूसरा उसे दिखाई नहीं पड़ता। ज्ञानी भी पाता है कि एक ही पक्षी है, साक्षी। दूसरा उसे दिखाई नहीं पड़ता।

यह उपनिषद ने दो पक्षी कहे हैं, अज्ञानी और ज्ञानी दोनों की समझ को एक साथ समाहित करने के लिए। दो पक्षी वहां हैं नहीं। अज्ञानी के लिए भी एक है, वह कर्ता है। ज्ञानी के लिए भी एक है, साक्षी। चूंकि ज्ञानी अज्ञानियों से बोल रहा है उपनिषद में, इसलिए दो पक्षियों की बात है। ज्ञानी अपने अनुभव को भी रख रहा है और अज्ञानी के अनुभव को भी रख रहा है। क्योंकि तुम्हारे अनुभव को भी स्वीकार करना पड़े, तभी तुम यात्रा करोगे। एक घड़ी आएगी, जब तुम्हें खुद ही दिखाई पड़ जाएगा कि पक्षी एक है। और जिस दिन एक ही पक्षी रह जाता है, उस दिन अद्वैत का अनुभव हुआ। उस एक का नाम ही अद्वैत है।

प्रश्न :

भगवान श्री, आत्मज्ञान की यात्रा में बुद्धि जब इतना बड़ा अवरोध खड़ा करती है, तो क्या बुद्धि को प्रशिक्षित करना और निखारना व्यर्थ ही नहीं है? क्या ऐसा संभव नहीं है कि बच्चों की सरलता अबाधित रखने के लिए उनको बुद्धि का प्रशिक्षण दिए बिना, सीधा ही ध्यान में उतारा जाए?

विचारणीय है, महत्वपूर्ण भी। और प्रश्न सहज ही उठता है कि अगर बुद्धि इतना बड़ा अवरोध है, तो बुद्धि को प्रशिक्षित ही क्यों किया जाए? बच्चों को हम उनकी सरलता और भोलेपन में ही ध्यान क्यों न दे दें, बजाय विश्वविद्यालय भेजने के। उनका तर्क, उनका विचार नियोजित करने की बजाय, शिक्षित करने की बजाय, हम सीधा ही उन्हें ध्यान की सरलता और निर्दोषता में क्यों न डुबा दें? बुद्धि अगर बाधा है, तो बाधा को बढ़ाएं क्यों? बढ़ाने के पहले ही नष्ट क्यों न कर दें?

बुद्धि अगर सिर्फ बाधा ही होती, तो यह बात ठीक थी। बाधा सीढ़ी भी बन सकती है। रास्ते पर आप गए हैं और एक बड़ा पत्थर पड़ा है; वह बाधा है, अगर आप लौट आएं सोचकर कि रास्ता बंद है। अगर आप पत्थर पर चढ़ जाएं, तो एक नए रास्ते का उदगम होता है, जो नीचे रास्ते के तल से बिलकुल भिन्न है। एक नए आयाम का उदगम होता है। जो नासमझ है, वह पत्थर को बाधा मानकर लौट आएगा। जो समझदार है, वह पत्थर को सीढ़ी बना लेगा।

और समझदारी, विजडम, जिसे हम बुद्धि कहते हैं, उससे बड़ी भिन्न बात है। बुद्धि के प्रशिक्षण के बिना बच्चे जंगली जानवरों की भांति रह जाएंगे, ज्ञानी नहीं हो जाएंगे। बुद्ध और महावीर और कृष्ण और क्राइस्ट नहीं हो जाएंगे, जंगली जानवरों की भांति रह जाएंगे। बाधा

तो नहीं है उनके पास, लेकिन चढ़ने का कोई साधन भी नहीं है। बाधक पत्थर भी नहीं है, साधक सीढ़ी भी नहीं है।

इसलिए हर बच्चे को बौद्धिक प्रशिक्षण से गुजरना जरूरी है। और जितना सुघड़ यह प्रशिक्षण हो, जितना तीक्ष्ण यह प्रशिक्षण हो, यह बुद्धि का पत्थर जितना मजबूत और जितना विराट और बड़ा हो, उतना अच्छा है। क्योंकि वह उतनी ही बड़ी ऊंचाई पर खड़े होने का उपाय है। इस पत्थर के नीचे दबकर जो मर जाए, वह पंडित; इस पत्थर के ऊपर जो खड़ा हो जाए, वह ज्ञानी। इस पत्थर के पहले ही डर के कारण पत्थर के पास ही न आए, वह अज्ञानी।

अज्ञानी की बुद्धि प्रशिक्षित नहीं हुई। पंडित की बुद्धि प्रशिक्षित हुई, लेकिन वह बुद्धि के पार न हो सका। ज्ञानी की बुद्धि प्रशिक्षित भी हुई, वह बुद्धि के पार भी गया।

बचने से कुछ भी न होगा। पार जाना है। और जिस अनुभव से भी हम गुजरते हैं, वही अनुभव हमें सघन कर जाता है, सतेज कर जाता है।

बुद्ध या कृष्ण असाधारण रूप से बौद्धिक पुरुष हैं। मोहम्मद पढ़े-लिखे नहीं हैं, लेकिन बौद्धिक रूप से असाधारण पुरुष हैं। थोड़ा सोचो, मोहम्मद जैसे गैर पढ़े-लिखे आदमी ने कुरान जगत को दी और कुरान ने करीब-करीब एक तिहाई मनुष्यता को आंदोलित किया और प्रभावित किया। और कुरान का वचन मुसलमान के लिए आज भी जीवन का सूत्र है। यह आदमी गैर पढ़ा-लिखा भले रहा हो, इसकी बुद्धि की तीक्ष्णता अनूठी है। और इसने जो नियम बनाए, वे आज भी कारगर हैं और लाखों-करोड़ों हृदय उनसे आंदोलित, संचालित होते हैं। और इसने जिस ढंग से कुरान को व्यवस्था दी, उस ढंग की व्यवस्था न तो बाइबिल में है, न उपनिषद में है, न गीता में है। कुरान एक अर्थ में सर्वांगीण है। वह सिर्फ धर्म नहीं है, वह समाजशास्त्र भी है। वह सिर्फ समाजशास्त्र नहीं है, राजनीति भी है। मोहम्मद ने जीवन को सब तरफ से पूरा का पूरा अनुशासित करने की कोशिश की। जीवन की क्षुद्रता से लेकर ब्रह्म की विराटता तक सबको कुरान में समा लिया।

इसलिए कुरान इस्लाम के लिए अकेला शास्त्र काफी है। इसलिए मुसलमान कहते हैं, एक ही अल्लाह है और उस एक अल्लाह का एक ही पैगंबर है। एक पैगंबर काफी है। यह आदमी रहा तो बहुत बुद्धिमान होगा। इसकी बुद्धि में तो कोई शक नहीं कर सकता। बेपढ़ा-लिखा था, लेकिन बेपढ़े-लिखे होने से बुद्धि के होने न होने का कोई संबंध नहीं है। क्योंकि पढ़े-लिखों को हम देखते हैं और बुद्धि नहीं पाते। पढ़े-लिखे से बुद्धिमत्ता का क्या संबंध है? बुद्धिमत्ता तो जीवन के अनुभव से सार को निचोड़ लेने का नाम है।

तो बच्चे की बुद्धि तो प्रशिक्षित करनी होगी, उसके तर्क पर धार रखनी होगी, उसका तर्क तलवार जैसा हो जाए। फिर तलवार से वह खुद को काटेगा, आत्महत्या करेगा, या किसी के जीवन को बचाएगा—यह बुद्धिमत्ता पर निर्भर है।

तर्क तो एक साधन है। उसका उपयोग हम जीवन को नष्ट करने में कर सकते हैं, विध्वंसक हो सकता है; सृजनात्मक कर सकते हैं, जीवन का निर्माण कर सकते हैं। पर एक बात निश्चित है कि अगर बच्चों को हम बुद्धि से वंचित रखें, तो वे बुद्धिमान नहीं हो जाएंगे। वे पशुओं की भांति भोले तो होंगे, लेकिन संतों की भांति ध्यानी नहीं होंगे।

बहुत बार ऐसा हुआ है कि कुछ बच्चों को जंगल के भेड़िए चुराकर ले गए। आज से

कोई चालीस साल पहले कलकत्ते में दो बच्चियां पाई गईं, कलकत्ते के पास के जंगलों में। अभी कोई दस साल पहले लखनऊ के पास जंगल में एक बच्चा पाया गया, जो भेड़ियों ने पाला। वह बच्चा तो काफी बड़ा हो गया था। चौदह साल के करीब उसकी उम्र हो गई थी। उस बच्चे को कोई प्रशिक्षण नहीं मिला, कोई स्कूल नहीं जाना, किसी आदमी का साथ नहीं जाना। छोटा बच्चा था, झूले से उठाकर भेड़िए ले गए। और वह उनके साथ बड़ा हो गया। वह दो पैर पर भी खड़ा नहीं हो सकता था, क्योंकि यह भी शिक्षा का हिस्सा है।

तुम यह मत सोचना कि दो पैर पर तुम खड़े हो अपने आप। यह तुम्हें सिखाया गया है। आदमी का शरीर तो बना था चारों हाथ-पैर पर चलने के लिए। कोई बच्चा दो पैर पर चलता हुआ पैदा नहीं होता, चार ही हाथ-पैर पर चलता है। दो पर चलना तो सीखता है।

अगर तुम वैज्ञानिकों से, शरीर-शास्त्रियों से पूछो, तो वे बड़ी अनूठी बात कहते हैं। वे कहते हैं, आदमी का शरीर जानवरों जैसा स्वस्थ कभी भी नहीं हो सकता। क्योंकि आदमी का शरीर बना था चार हाथ-पैर पर चलने के लिए, उसने सब गड़बड़ कर लिया, वह दो से चल रहा है। इसलिए पूरा आयोजन बिगड़ गया है।

जो कार पहाड़ चढ़ने के लिए बनाई नहीं गई थी, वह पहाड़ चढ़ रही है। सारा ग्रेविटेशन का नियम बिगड़ गया है। क्योंकि जब आप चार हाथ-पैर से चलते हैं जमीन पर, तो आप संतुलित होते हैं, चारों हाथ पर बराबर बोझ होता है और ग्रेविटेशन और आपके बीच एक समानांतर रेखा होती है। आपकी रीढ़ और जमीन की कशिश बराबर होती है, कोई अड़चन नहीं होती। जब आप दो पैरों पर खड़े हो जाते हैं, सब उपद्रव हो गया। खून को उलटा बहना पड़ता है सिर की तरफ। फेफड़ों को अनर्थक काम करना पड़ता है। पूरे वक्त कशिश से लड़ना पड़ता है। जमीन नीचे खींच रही हैं।

इसलिए अगर आदमी हृदय की दुर्बलता से मरता है, तो कुछ आश्चर्य नहीं है। कोई जानवर नहीं मरता हृदय की दुर्बलता से। हृदय की दुर्बलता जानवर में पैदा नहीं हो सकती, आदमी में होगी ही। जिनमें नहीं होती वह चमत्कार है, अन्यथा हृदय दुर्बल हो ही जाएगा। क्योंकि एक उलटा काम कर रहे हैं, पंपिंग करनी पड़ रही है पूरे वक्त, जो कि जरूरी है। प्रकृति ने वैसा बनाया नहीं था।

तो वह लड़का चल नहीं सकता था दो पैर से, वह चार से ही भागता था। और भागना भी उसका आदमियों जैसा नहीं था, भेड़ियों जैसा था। खाता भी कच्चा मांस था, जैसे भेड़िए खाते हैं। बड़ा शक्तिशाली था, आठ-आठ आदमी उसे पकड़कर भी बांध नहीं पाते थे। और भेड़िया ही था वह बिलकुल। लोंच दे, खा जाए, खूंख्वार!

ध्यानी संत तो वहां पैदा नहीं हुआ, एक जंगली जानवर पैदा हुआ। और ऐसी और घटनाएं पश्चिम में भी घटी हैं। बच्चे जंगल में पल गए हैं जानवरों के साथ, तो वे जानवरों जैसे पाए गए।

फिर इस बच्चे को सिखाने की कोशिश की गई छह महीने। हजारों तरह की मालिश और विद्युत की सेंक, बामुश्किल उसको खड़ा किया जा सका दो पैर पर। मगर जरा ही आप चूके कि वह फिर अपने चारों पैरों पर आ जाएगा, क्योंकि वह बड़ा कष्टपूर्ण है। वह तो आपको पता नहीं कि चार का मजा क्या है, तो आप दो पर खड़े हैं और कष्ट झेल रहे हैं।

उसका नाम राम रख दिया था। उसको सिखा-सिखाकर परेशान हो गए, मरने के पहले बस वह एक शब्द सीख पाया था, राम। नाम बता देता था। डेढ़ साल के भीतर वह मर गया। और जो वैज्ञानिक उसका अध्ययन कर रहे थे, उनका कहना है कि वह मर गया शिक्षण के कारण। क्योंकि वह जंगली जानवर जैसा बच्चा है।

इससे यह भी पता चलता है कि बच्चों को स्कूल भेजकर हम उनके जीवन का कितना हिस्सा नहीं मार देते होंगे। उनकी प्रफुल्लता तो मारते हैं, उनका जंगलीपन तो मारते ही हैं, वही तो उपद्रव है स्कूल में। तीस बच्चों को कक्षा में बिठा देते हैं एक शिक्षक के हाथ में, वे तीस जंगली जानवर। इनके हाथ में उन्हें सभ्य करने का काम पड़ा है। इसलिए शिक्षकों से ज्यादा उदास कोई व्यवसाय नहीं है। उनसे ज्यादा परेशान कोई आदमी नहीं है। तो उनका काम बड़ा मुश्किल का है।

लेकिन ये बच्चे शिक्षित करने ही होंगे, अन्यथा ये मनुष्य ही न हो पाएंगे। निर्दोष तो होंगे, लेकिन वह निर्दोषता अज्ञान की निर्दोषता होगी। न जानने से भी आदमी निर्दोष होता है। लेकिन जब जानकर कोई निर्दोष होता है, तब जीवन का फूल खिलता है।

बुद्धि का प्रशिक्षण जरूरी है, फिर बुद्धि का अतिक्रमण जरूरी है। और जो तुम्हारे पास ही नहीं है, उसे तुम खोओगे क्या?

इसलिए मैं निरंतर कहता हूं, इसके पहले कि तुम्हें बुद्ध और महावीर जैसी निर्धनता जाननी हो, तो बुद्ध और महावीर जैसा धन तुम्हें इकट्ठा करना पड़ेगा। वह निर्धनता तुम नहीं जान सकते, जो बुद्ध जानते हैं! उस निर्धनता का मजा तो राजमहल से बाहर निकलने में ही हो सकता है।

अगर कृष्ण जैसी चेतना जाननी हो, तो कृष्ण जैसी बुद्धि भी तलाशनी पड़े। क्योंकि जो तुम्हारे पास है, उसे ही छोड़ने का तुम मजा ले सकते हो। अगर आइंस्टीन बुद्धि का त्याग करे, तो जिस शांति को आइंस्टीन अनुभव करेगा, उसे तुम कैसे कर सकोगे? वह शांति बड़ी अनूठी होगी। क्योंकि वह तूफान के बाद की शांति होगी। तुम्हारा तूफान कभी आया ही नहीं। जैसे बीमारी के बाद स्वास्थ्य का जो शुद्ध स्वाद आता है, ऐसे ही बुद्धि के बड़े ऊहापोह के बाद, जब बुद्धि को कोई छिटकाकर अलग फेंक देता है, तब जो स्वाद आता है!

त्याग परम आनंद है इस अर्थ में कि त्याग के पहले वह जो भोग है, वह परम दुख है। बुद्धि के दुख से गुजरो, ताकि प्रज्ञा का आनंद तुम्हें उपलब्ध हो सके। संसार की व्यथा से गुजरो, ताकि परमात्मा की समाधि तुम्हें उपलब्ध हो सके।

विपरीत से जाना ही होगा, वही मार्ग है।

आज इतना ही।

(मूल पुस्तक 'नहिं राम बिन ठांव' का नौवां प्रवचन)

5

माया मिली न राम

मन डांवाडोल रहे, तो ही जी सकता है; संतुलित हो जाए, मन खो जाता है।
जहां मन खोता है, वहीं समाधि है।

प्रश्नः
भगवान, बच्चों की बुद्धि का प्रशिक्षण आपने अनिवार्य बताया।
लेकिन क्या ध्यान का प्रशिक्षण भी युगपत देना चाहिए?
बहुत से संन्यासी परिवार वाले हैं।
उनको अपने बच्चों के प्रति कौन-सी दृष्टि रखनी चाहिए?
जोर किस बात पर होना चाहिए, इस पर कृपया प्रकाश डालिए।

जीवन में जितना संतुलन हो, उतनी ही संभावना शुभ की बढ़ती जाती है। जितना असंतुलन हो, उतने ही दुख का उपाय हो जाता है। गहरे देखने पर असंतुलन ही दुख है, संतुलन सुख। और संतुलन सबसे बड़ी कला है, इसलिए हमने इस देश में संतुलन को संयम कहा है। संयम का अर्थ हैः ठीक दो विरोधों के बीच में स्थित हो जाना, दो अतियों के बीच में मध्य को खोज लेना।

मन की आदत अति की तरफ जाने की है, एक्सट्रीम की तरफ जाने की है। मन हमेशा एक कोने से दूसरे कोने पर जाना चाहता है, बीच में नहीं रुकना चाहता।

अगर आप हिंसक हैं, तो मन आपसे पूरी हिंसा करवाएगा; और जब आप हिंसा से ऊबेंगे, तो आपको विपरीत दिशा में अति पर ले जाएगा। हिंसा की एक अति है, दूसरे को मिटाना। और हिंसा की दूसरी अति होगी, स्वयं को मिटाने में लग जाना। दूसरे को मारते थे, फिर खुद को मारने लगे, लेकिन बीच में न रुकेंगे।

बुद्ध ने कहा है, भोगी जब भी कभी भोग से ऊब जाता है, तो तत्क्षण योगी हो जाता है। पहले अगर शरीर के सुखों के लिए पागल था, तो अब शरीर को दुख देने के लिए आतुर हो जाता है। पहले अगर चलता था, तो रास्तों पर फूल चाहता था, अब अपने हाथ से कांटे बिछा लेता है। पहले अगर स्वाद में रुचि थी, तो अब भोजन को जब तक बेस्वाद न कर ले, तब तक नहीं करता है। पहले अगर वस्तुओं से प्रेम था, तो अब नग्न खड़ा हो जाता है।

मन एक अति से दूसरी अति पर जाता है, जैसे घड़ी का पेंडुलम एक कोने से दूसरे कोने पर जाता है, बीच में नहीं रुकता। बीच में रुक जाए, तो घड़ी रुक जाए। एक कोने से दूसरे कोने पर जाने में ही घड़ी की गति है, घड़ी चलती है। और जब घड़ी का पेंडुलम बाएं तरफ जाता है, तब आपको दिखाई पड़ता है कि बाएं तरफ जा रहा है; लेकिन जो गहरा देख सकते हैं, उनको यह भी दिखाई पड़ता है कि बाएं तरफ जाने में घड़ी का पेंडुलम दाएं तरफ जाने की शक्ति इकट्ठी कर रहा है, मूमेंटम इकट्ठा हो रहा है। जब बाएं जा रहा है पेंडुलम तो दाएं तरफ जाने के लिए तैयार हो रहा है। और जितना बाएं जाएगा, उतनी ही छलांग फिर दाएं की तरफ भर सकेगा। जब दाएं जाएगा तब बाएं तरफ जाने की शक्ति इकट्ठी करेगा।

यह सूत्र बहुत समझ लेने जैसा है, क्योंकि जब भी तुम प्रेम की तरफ जाते हो, तुम घृणा की शक्ति इकट्ठी करते हो। जब तुम भोग की तरफ जाते हो, तब तुम योग की शक्ति इकट्ठी करते हो। और जब तुम्हारा मन चोरी की तरफ जाता है, तब दूसरे कोने पर तुम अचोर होने की तैयारी भी शुरू कर देते हो। जब तुम दान देते हो, तभी तुम शोषण के लिए भी तत्पर हो जाते हो। जो गहरे देखेगा, उसे दिखाई पड़ेगा कि मन चूंकि सदा विपरीत में डोलता है, एक अति से दूसरी अति, यह स्वाभाविक है।

और जब तक मन डोल रहा है, तब तक तुम दुख में रहोगे। तुम्हारे दुख बदल जाएंगे। भोगी का दुख है, त्यागी का भी दुख है। भोगी को नहीं दिखाई पड़ता कि त्यागी का दुख क्या है, क्योंकि भोगी को तो त्यागी में सुख ही सुख दिखाई पड़ता है। त्यागी को दिखाई पड़ता है कि भोगी के क्या सुख हो सकते हैं।

मेरे पास संन्यासी भी आते हैं, संसारी भी आते हैं। संसारी सदा लोलुप नजरों से देखता है संन्यासी की तरफ कि किस आनंद में जी रहा है! संन्यासियों को मैं जानता हूं, जो तीस, चालीस, पचास वर्ष से संन्यास में रहे हैं, जिन्होंने सब छोड़ दिया है। उनके दुख का तुम्हें पता नहीं, उनके मन में तुम्हारे प्रति ईर्ष्या है। वे सोचते हैं, संसारी बड़ा मजा ले रहे हैं, बड़ा भोग कर रहे हैं।

एक वृद्ध संन्यासी ने मुझे कहा—जिनकी उम्र कोई सत्तर वर्ष है—कि पचास साल पहले उन्होंने दीक्षा ली, सब छोड़कर संन्यासी हो गए। अब किसी से कह भी नहीं सकते कि पचास साल से एक ही बात मन में बनी रही है कि कहीं भूल तो नहीं कर दी, कहीं ऐसा तो नहीं है कि संसार को बिना जाने ही मैं छोड़ आया, और वहां सुख हो। और यहां कोई सुख मिला नहीं। निकले थे परमात्मा को खोजने, संसार तो छूट गया हाथ से, परमात्मा की कोई पग-ध्वनि सुनाई नहीं पड़ती है।

इस संन्यासी का दुख तुम न समझ पाओगे। इसने किसी आशा में छोड़ा था, वह आशा पूरी नहीं हुई। इसने कोई सौदा किया था। जो हाथ में था, वह चला गया; और जो आने वाला था, वह अब तक आया नहीं। अब जीवन चुक रहा है, सत्तर वर्ष उम्र हुई। और अब ऐसा लगता है कि दोनों तरफ से गए। न संसार मिला, न संन्यास मिला। माया मिली न राम—वैसी गूंज इस संन्यासी के मन में गूंजना स्वाभाविक है।

यह मन का स्वभाव है कि तुम जहां हो, वहां दुख देखता है; और तुम जहां नहीं हो, वहां सुख देखता है। झोपड़े में रहने वाले को दिखाई पड़ता है महलों में सुख है, लेकिन महलों में

और तर्क तो संसार में कैसे हम परिग्रह को बढ़ा लें, कैसे संपदा ज्यादा हो, साम्राज्य बड़ा हो, इसकी कला देते हैं। ध्यान, कैसे हमारी आत्मा का राज्य बड़ा हो, कैसे चेतना विस्तीर्ण हो जाए, सारे आकाश को छा ले, उसकी कला है।

अगर अकेला गणित और तर्क और बुद्धि ही बच्चों को सिखाई गई, तो वे बच्चे पंगु होंगे, पैरालाइज्ड होंगे, लकवा खाए हुए होंगे। जैसे उनका एक अंग तो चलता हो और दूसरा अंग न चलता हो। उनके जीवन में पूर्णता न होगी, वे समग्र न होंगे, उनका एक पैर सदा बंधा रहेगा, उनकी जिंदगी एक लंगड़ी दौड़ होगी। चूंकि और लोग भी लंगड़े हैं, इसलिए पता नहीं चलता। जैसे बच्चों का एक खेल होता है, लंगड़ी दौड़, जिसमें एक पैर दूसरे के एक पैर से बांध दिया जाता है, तो एक ही पैर से भागना पड़ता है। करीब-करीब हमारी जीवन की व्यवस्था ऐसी लंगड़ी दौड़ ही है, जिसमें हम एक पैर से भाग रहे हैं। फिर हार जाते हैं, टूट जाते हैं, मिट जाते हैं, तो आश्चर्य नहीं है।

ध्यान दूसरा चरण है। तो जैसे ही हम बच्चे को बुद्धि की शिक्षा दें, वैसे ही ध्यान की भी शिक्षा दें। जैसे-जैसे बच्चा विज्ञान को समझे, वैसे-वैसे धर्म को भी समझे। और जैसे-जैसे उसका मस्तिष्क निखरे, वैसे-वैसे उसके हृदय में भी प्रकाश आए। वह जाने ही नहीं, हो भी। उसके पास चीजें ही न बढ़ें, वह भी बढ़े। उसके बाहर का ही फैलाव न हो, भीतर की भी गहराई हो। जैसे वृक्ष उठते हैं आकाश की तरफ, लेकिन जड़ें चली जाती हैं भीतर की तरफ। और जितनी जड़ें गहरी जाती हों, उतना ही वृक्ष ऊपर आकाश की तरफ जाता है।

तुम ऐसे वृक्ष हो, जिसके पास जड़ें नहीं। तुम बस बाहर और ऊपर की तरफ जा रहे हो, भीतर और अंदर की तरफ जाने का तुम्हारे पास कोई उपाय नहीं। इसीलिए तुम प्रतिपल कंप रहे हो। जरा सा हवा का झोंका आता है कि तुम घबड़ा जाते हो; क्योंकि तुम्हारे पास जड़ें नहीं हैं।

तुम्हारे पास अगर जड़ें होतीं गहरी पाताल को छूती, तो तुम तूफानों को निमंत्रण देते। और जब तूफान आता, तब तुम्हारे आनंद का कोई ठिकाना न होता। तभी तुम्हारे उत्सव का क्षण होता, तब तुम नाचते। क्योंकि तूफान चुनौती देता है, और चुनौती की पृष्ठभूमि में ही तुम्हें अपने होने का पूरा-पूरा पता चलता है, उसके पहले पता नहीं चलता। तब तुम तूफान को धन्यवाद देते और कहते कि अक्सर आया करो।

अभी छोटा सा हवा का झोंका और तुम घबड़ाते हो कि मौत आ गई। तुम चिल्लाते हो कि हे भगवान, बचाओ। तुम भगवान को धन्यवाद नहीं देते कि तूने तूफान भेजा; तुम भगवान से कहते हो कि बचाओ; इस तूफान से छिपाओ। तुम डरे हो, क्योंकि तुम्हारे पास जड़ें नहीं। जड़ें भीतर की तरफ जाती हैं। जितनी जड़ें भीतर जाएंगी, उतना ही तुम्हारा बाहर का फैलाव सुदृढ़ हो जाएगा।

इसलिए ध्यान एक अर्थ में तो बुद्धि के विपरीत है, जैसे जड़ें एक अर्थ में वृक्ष के विपरीत हैं। वृक्ष ऊपर जाता है, जड़ें नीचे जाती हैं, दोनों की दिशा विपरीत है। इस अर्थ में ध्यान बुद्धि के विपरीत है, लेकिन एक अर्थ में जड़ों के ऊपर ही वृक्ष का सारा फैलाव खड़ा है। विपरीत नहीं हैं। ध्यान के ऊपर ही बुद्धि की सारी गरिमा निर्भर होती है।

इसलिए जो बुद्धि बुद्ध के पास है, वैसी बुद्धि आइंस्टीन के पास नहीं हो सकती। क्योंकि बुद्ध के पास बुद्धि का ऊपरी जाल ही नहीं है, भीतर जलता हुआ ध्यान का दीया भी है। उस

भीतर ध्यान के दीए से बुद्धि आलोकित है। इसलिए बुद्धि जो भी कर सकती थी गलत, वह नहीं कर पाएगी। ध्यान का दीया उसे नियोजित रखेगा, ध्यान का दीया सदा मार्ग-दर्शन देगा। इसलिए बुद्धि भटक न पाएगी। ये घोड़े बुद्धि के कहीं भी भागकर किसी गड्ढे में नहीं गिरेंगे, भीतर सारथि बैठा हुआ है। वह प्रज्ञावान ध्यान भीतर का मालिक है।

बच्चे को बुद्धि भी दो, बच्चे को ध्यान भी दो। उसे जड़ें भी दो, आकाश में फैलाव भी दो। और यह ध्यान रखो कि दोनों के बीच संतुलन बड़ी बात है। कोई भी अंग ज्यादा न हो पाए, कोई भी अंग कम न हो पाए। अगर तुम ऐसा कर सको, तो ही तुमने ठीक अर्थों में माता का या पिता का कृत्य पूरा किया, तो ही तुम सही अर्थों में बच्चे को जन्म दिए। अन्यथा तुमने शरीर को जन्म दिया और आत्मा को तुमसे कोई सहारा न मिला। शरीर का जन्म तो बड़ी साधारण बात है। पशु-पक्षी भी उसे पूरा कर लेते हैं। उसमें तुम्हारी कुछ खूबी नहीं, कोई विशेषता नहीं।

और एक और बात खयाल रख लेना कि जब तुम बच्चे की आत्मा को निखारते हो, तब तुम भी उसके साथ निखरते हो। क्योंकि यह असंभव है, दूसरे को निखारना और खुद निखरने से बच जाना असंभव है। अगर तुमने अपने बच्चे को प्रेम किया, उसे बुद्धि की यात्रा दी, उसे ध्यान की जड़ें दीं, तो तुम अचानक पाओगे कि उसे बनाने में तुम भी बनने लगे हो। जब मूर्तिकार एक मूर्ति को सुंदर बनाता है, तो सिर्फ मूर्ति ही सुंदर नहीं बनती, उसके बनते-बनते मूर्तिकार भी सुंदर होता जाता है। क्योंकि सौंदर्य को जन्म देना असंभव है बिना सुंदर हुए। संतुलन को जन्म देना असंभव है, बिना संतुलित हुए।

अगर तुम सच में पिता हो, तो तुम्हारे घर में एक बेटे का जन्म तुम्हारी पूरी जिंदगी को बदल देगा। क्योंकि अब तुम बेटे को सुंदर, स्वस्थ, शांत बनाने की चेष्टा करोगे, तो तुम कैसे अशांत रह पाओगे? तुम जो बेटे के लिए करोगे, उसके पहले तुम्हें अपने लिए करना होगा।

एक पति और पत्नी तब तक स्वच्छंद रह सकते हैं, जब तक एक बच्चे का जन्म नहीं हुआ। बच्चे के जन्म के साथ एक नई कड़ी पैदा हो गई। अब खिलवाड़ नहीं चल सकता। अब जिंदगी एक गहन दायित्व है। और दायित्व रसपूर्ण है, क्योंकि प्रेम से भरा है। यह बच्चा मां-बाप, दोनों को बदलना शुरू करेगा। अगर सच में तुम इसे प्रेम करते हो, तो तुम बदल जाओगे। अगर तुम इसे प्रेम नहीं करते हो, तो तुम चीख-पुकार मचाते रहोगे कि बच्चा बिगड़ रहा है, समाज खराब है, सब खराब हुआ जा रहा है।

बच्चा कभी भी समाज के कारण नहीं बिगड़ता, तुम्हारे कारण बिगड़ता है और तुम ही समाज हो। और बड़े मजे की बात है कि जिसको तुम समाज कहते हो, वह सभी के बच्चे हैं। लेकिन बाप वैसा ही बना रहता है, जैसा वह बच्चे के पैदा होने के पूर्व था। मां वैसी ही बनी रहती है, जैसे वह बच्चे के पैदा होने के पूर्व थी। तो यह बच्चा पैदा तो जरूर हो गया, लेकिन तुम्हारे हृदय में इसके लिए प्रेम नहीं है। तुम्हारा प्रेम पूरे समाज को बदल देगा।

इसे ठीक से गहरे में बैठ जाने दो कि तुम जो भी निर्माण करते हो, वह तुम्हें भी निर्मित करता है। निर्माता अपनी निर्मिति से मुक्त नहीं हो सकता।

एक सुंदर कविता का जब जन्म होता है, तो उसके साथ एक सुंदर कवि का भी जन्म हो जाता है। और अगर ऐसा न हो तो समझना कि कविता उधार है, वह जन्मी नहीं है, बाजार से खरीद लाई गई है।

इसलिए जब तुम्हें कोई कवि मिले और तुम पाओ कि उसकी कविता की सुगंध उसमें नहीं, तो समझना वह कविता उसकी रही ही न होगी।

इस देश में हम पुराने समय में कवि को ऋषि कहते थे। अब नहीं कहते, क्योंकि अब कहना उचित भी नहीं है। ऋषि का अर्थ कवि ही होता था। बड़ी अजीब बात है। आज तो ऋषि और कवि में बड़ा फर्क दिखाई पड़ता है। न तो ऋषियों में कविता दिखाई पड़ती है, न कवियों में ऋषित्व दिखाई पड़ता है। दोनों कहीं खो गए हैं।

हमारी प्राचीन धारणा यह थी कि जब भी कोई व्यक्ति कवि होगा, उससे काव्य का जन्म होगा, तब यह काव्य का जन्म उसकी पूरी अंतर्धारा को, उसकी चेतना को बदल जाएगा। क्योंकि सुंदर का जन्म कुरूप से हो कैसे सकता है, अगर वस्तुतः यह जन्म है? तुमने बच्चे को गोद ले लिया हो, तो बात अलग है। अडॉप्ट कर लिया हो, तो बात अलग है। तुमने किसी और की कविता में तुकबंदी जोड़कर थोड़ा ऊपर हेर-फेर कर लिया हो, तो बात अलग है। तुमने किसी और की अनुभूति को रंग-रोगन लगाकर अपना बता दिया हो, तो बात अलग है। लेकिन तब तुम कवि नहीं हो, तुकबंद हो। और तुकबंदी कितनी ही सुंदर हो, छिछली है।

वह सौंदर्य वैसा ही है, जैसे किसी स्त्री ने ऊपर अपने चेहरे पर पावडर वगैरह लगाकर, लिपस्टिक वगैरह लगाकर धोखा दिया हो। नाटक के मंच पर ठीक, लेकिन जीवन में वह रंग-रोगन काम न आएगा। जरा सी वर्षा होगी और पावडर बह जाएगा। और तब स्त्री इतनी कुरूप लगेगी, जितनी कि बिना पावडर के कभी न लगती। क्योंकि जगह-जगह छिद्र हो जाएंगे सौंदर्य में, और जगह-जगह से कुरूपता झांकने लगेगी।

वस्तुतः जो स्त्री सुंदर होती है, वह पावडर से बचती है। क्योंकि पावडर कुरूपता को छिपाने का ढंग हो सकता है, सौंदर्य को पैदा करने का उपाय नहीं। सुंदर स्त्री भी अगर पावडर पोत लेती है तो कुरूप हो जाती है, क्योंकि झूठ कभी सुंदर नहीं हो सकता। साधारण सी घरेलू स्त्री भी, जिसको होमली कहें, जिसको नाटक के मंच पर खड़ा न किया जा सके, अगर अपने को ढांके न, छिपाए न, रंग-रोगन से पोते न, पाखंड न खड़ा करे, तो साधारण घरेलू स्त्री में भी एक सौंदर्य की ज्योति जलती है—सरल, स्वच्छ, ताजी, कम से कम आथेंटिक, प्रामाणिक।

तो भारत की पुरानी धारणा यह थी कि जब किसी व्यक्ति से काव्य का जन्म होगा, जब कोई कवि होगा, तो ऋषि तो हो ही गया। क्योंकि वह सुंदर कविता पीछे उस सुंदर हृदय को छोड़ जाएगी, जहां से आई है। अगर गंगा इतनी प्रीतिकर है, तो गंगोत्री पवित्र हो ही जाएगी।

हम गंगोत्री की पूजा करने जाते हैं, गंगा से भी ज्यादा। क्योंकि जिससे गंगा का जन्म हुआ, वह गंगा से ज्यादा होगी। तो कविता से कवि सदा ज्यादा होगा, अगर है। तो कितनी ही कविताएं निकलती जाएं, कवि ज्यादा होगा, क्योंकि वह मूल उदगम है। कवि ऋषि हो जाएगा।

दूसरी बात भी सच है कि जब भी कोई ऋषित्व को उपलब्ध होगा, तो कवि हो जाएगा। इसलिए कवि और ऋषि संस्कृत में पर्यायवाची शब्द हैं। ऐसा दुनिया की किसी भी भाषा में नहीं है। पोएट और सेंट, संत और कवि, ऋषि और कवि, दुनिया की किसी भाषा में पर्यायवाची नहीं हैं, केवल संस्कृत में पर्यायवाची हैं। बड़ा गहरा अर्थ है।

जब भी कोई व्यक्ति ऋषि होगा—ऋषि का अर्थ है जो सत्य को उपलब्ध हुआ, ऋषि का अर्थ है जो सौंदर्य को उपलब्ध हुआ, ऋषि का अर्थ है जिसने भीतर की गरिमा को पा लिया; जिसकी ज्योति जल गई; जो जाग गया; जिसके फूल खिल गए; जो पहुंच गया वहां, जहां उसकी नियति थी; जिसने अपने अंतिम शिखर को छू लिया, उसे हम ऋषि कहते हैं—जब भी कभी ऐसा कोई व्यक्ति होगा, तो उससे काव्य का जन्म अनिवार्य है। भला छंदों में कविता पैदा न हो, लेकिन वह जो भी करेगा, काव्य होगा।

बुद्ध का चलना अगर आप देखें, तो उसमें कविता है। बुद्ध की आंखों का खुलना आप देखें, तो उसमें कविता है। बुद्ध बोलें, चुप रहें, तो उसमें कविता है। बुद्ध का पूरा जीवन एक काव्य है। जरूरी नहीं है कि बुद्ध छंद लिखें, छंद-बद्ध कविता को लिखें, चित्र बनाएं, एक गीत को जन्म दें या एक मूर्ति बनाएं—जरूरी नहीं है। लेकिन अब बुद्ध का पूरा होना काव्य-पूर्ण है। वे जो भी करेंगे, रेत पर चलते उनके पैर के चिह्न बन जाएंगे, तो उन चिह्नों से सुंदर चित्र खोजना कठिन है।

ऋषि अनिवार्य-रूपेण कवि हो जाएगा, कवि अनिवार्य-रूपेण ऋषि है।

अगर तुमने अपने बच्चे को सच में ही प्रेम किया है...। और प्रेम अपने बच्चे को परमात्मा बनाना चाहेगा, इसके अतिरिक्त प्रेम और क्या चाह सकता है? इससे छोटे पर प्रेम कभी राजी नहीं होता। प्रेम इससे कम पर राजी हो ही नहीं सकता। अगर तुम अपने बेटे को डॉक्टर बनाना चाहते हो, तो तुमने अभी प्रेम किया ही नहीं। अगर तुम अपने बेटे को एक बड़ा दुकानदार बनाना चाहते हो, तो तुमने प्रेम अभी जाना ही नहीं।

मैं यह नहीं कह रहा हूं कि बेटे को दुकानदार मत बनाना और डॉक्टर मत बनाना; डॉक्टर भी बनना होगा, दुकानदार भी बनना होगा। लेकिन उतने पर मां की, पिता की आकांक्षा नहीं रुकेगी। वह बीच का पड़ाव हो सकता है, राह हो सकती है। लेकिन जहां भी प्रेम है, वहां परमात्मा से कम पर तृप्ति नहीं है। तुम जिसे प्रेम करोगे, उसे तुम परमात्मा की तरह, अंततः परमात्मा हो जाए, ऐसी आकांक्षा करोगे।

प्रेम परमात्मा को जन्म देने की कीमिया है। उससे कम पर जो राजी हो जाए, वह प्रेम नहीं। उसमें कुछ और होगा, संसार का सौदा होगा, व्यवसाय होगा, धन के प्रति महत्वाकांक्षा, कुछ और रस होंगे, लेकिन प्रेम नहीं है। और जब भी प्रेम होता है, तो परमात्मा को जन्म देने की संभावना पैदा होती है।

तुम बच्चे को ध्यान भी देना, बुद्धि भी देना और दोनों के बीच संतुलन भी देना। और उसको देते-देते ही तुम अनजाने पाओगे कि तुम बदलते गए हो। जिस दिन तुम्हारे बेटे की प्रतिमा पूरी निखरेगी, उसके पहले तुम निखर चुके होओगे। अचानक तुम पाओगे कि बेटे को बनाने में तुम बन गए हो। और अगर बेटा बिगड़ रहा है, तो उसका अर्थ है कि तुम बिगड़े हुए हो और तुम्हारा प्रेम इतना नहीं है कि तुम अपने को बदलने को राजी हो बेटे के लिए।

तो बड़े मजे की घटना घटती है। बाप वही किए चला जाता है, जो वह चाहता है कि बेटा न करे। मां वही किए चली जाती है, जो उसने सदा चाहा है कि उसकी बेटी न करे, उसका बेटा न करे। और बच्चे तुम्हारी शिक्षाओं से नहीं सीखते, तुमसे सीखते हैं। और बच्चों की आंखें बड़ी साफ और पैनी हैं। अभी उन पर धूल नहीं जमी जीवन की। तुम्हारे शब्दों के आर-पार देख

रहा है। जाओ, तुम भी स्वागत में सम्मिलित हो जाओ। दीए जलाए गए हैं घी के, बैंड-बाजे बजते हैं, मेहमान इकट्ठे हैं। बाप गांव के द्वार पर आवारा बेटे की प्रतीक्षा कर रहा है। बड़े बेटे को भी दुख हुआ, चोट लगी। वह घर जाकर उदास बैठ गया।

और जब बाप बेटे को लेकर लौटा, नए छोटे बेटे को, जो भाग गया था, वापस लौटा, तो बड़े बेटे को उदास पाकर उसने पूछा कि तू उदास क्यों है? उस बड़े बेटे ने कहा, उदासी स्वाभात्रिक है। मेरा कभी कोई स्वागत नहीं होता और मैं तुम्हारी सेवा कर रहा हूं। मैं तुम्हारे लिए धन कमा रहा हूं। तुमने जितना धन दिया है, उससे चार गुना मैंने कर दिया है। और यह आवारा सब बरबाद करके लौट रहा है, इसका स्वागत हो रहा है! तो बाप ने कुछ बातें कहीं, जो समझने जैसी हैं।

बाप ने कहा, प्रेम कमाने वाले में और गैर कमाने वाले में फर्क नहीं करता। और प्रेम, जो निकट है, उसके प्रति तो आश्वस्त है; जो दूर चला गया है, उसे पास लाने की कोशिश करता है। और तुम तो ठीक ही हो, इसलिए तुम्हारे लिए किसी विशेष उत्सव की जरूरत नहीं, तुम्हारे लिए तो मेरे आशीर्वाद प्रतिपल चल रहे हैं; लेकिन जो भटक गया है, उसके लिए विशेष आयोजन की जरूरत है, तभी वह आश्वस्त हो सकेगा।

और जीसस कहते थे कि ठीक वैसे ही जैसे कोई गड़रिया घर लौटता हो सांझ अपनी भेड़ों को लेकर, और अचानक पाता है कि एक भेड़ खो गई, तो हजार भेड़ों को वहीं जंगल के अंधेरे में छोड़कर वह एक भेड़ को खोजने निकल जाता है। हजार की चिंता नहीं करता कि क्या होगा, लेकिन एक जो भटक गई है, उसे लेने निकल जाता है। और जब वह एक भेड़ मिल जाती है जो भटक गई, तो उसे कंधे पर रखकर वापस लौटता है।

जीसस कहते थे कि प्रेम महत्वाकांक्षा नहीं है। यही मैं तुमसे कहता हूं। प्रेम की कोई मांग नहीं है। प्रेम बच्चे के द्वारा कुछ पाना नहीं चाहता। प्रेम तो बच्चे को ही परमात्मा की तरह पाना चाहता है, बच्चे के द्वारा कुछ नहीं पाना चाहता। बच्चे के कृत्यों का बड़ा सवाल नहीं है, बच्चे की आत्मा का सवाल है।

लेकिन शिक्षा दी जा सकती है विद्यालय में, धर्म कौन देगा?

धर्म के भी विद्यालय हमने बना रखे हैं, वे नकली हैं। क्योंकि धर्म का कोई विद्यालय नहीं हो सकता। एक पंडित के पास भेज देते हैं, जिसे खुद भी धर्म का कुछ भी पता नहीं है। जो खुद वैसा ही जी रहा है, जैसे तुम जी रहे हो। तुम दुकान कुछ और करते हो, वह धर्म की दुकान करता है। तुम दोनों ही दुकानदार हो। उसके पास हम बच्चों को भेज देते हैं धर्म सीखने। वह सिखा देता है; जैसे धर्म कोई ज्यॉग्रफी हो, कि इतिहास हो, पाठ पढ़ा देता है, बच्चे को कंठस्थ करवा देता है। और धर्म की भी परीक्षाएं हैं। बच्चे परीक्षा पास करके, सर्टिफिकेट लेकर लौट आते हैं।

यह धोखा है। धर्म की कोई परीक्षा नहीं, जीवन ही पूरी उसकी परीक्षा है। और धर्म का कोई सर्टिफिकेट नहीं दे सकता, मौत ही देगी। मरते क्षण ही मौत सर्टिफिकेट देगी कि तुम धार्मिक थे या नहीं। उसके पहले कोई सर्टिफिकेट नहीं दे सकता। मौत के क्षण में अगर तुम आनंदित रहे, तो तुम उत्तीर्ण हुए। मौत के क्षण में अगर तुम दुखी हुए, तो तुम अनुत्तीर्ण हुए। जीवन, पूरा जीवन, धर्म की शिक्षा है। और मृत्यु उसकी परीक्षा है।

कौन पंडित इसे पूरा करेगा? कौन सा शास्त्र इसे पूरा करेगा? कोई शास्त्र, कोई पंडित काम नहीं आ सकता। और तुम्हें धर्म की कोई खबर नहीं है, इसलिए कैसे तुम बच्चे को धर्म दो? कैसे तुम उसे ध्यान दो? तुमने खुद ही ध्यान कभी नहीं जाना, तुम खुद ही कभी उस रस में नहीं बहे। बच्चे को तुम्हें जो देना हो, वह तुम्हारे पास होना चाहिए। धनी बाप होगा, तो बेटे को धन देगा। ध्यानी बाप होगा, तो बेटे को ध्यान देगा। जो तुम्हारे पास नहीं है, वह तुम दोगे कैसे? प्रेमी बाप होगा, तो प्रेम देगा। हम वही दे सकते हैं, जो हमारे पास है।

मुझसे लोग पूछते हैं—कभी कोई युवक, कोई युवती—कि क्या यह उचित होगा कि वे एक बच्चे को जन्म दें! तो मैं उनको कहता हूं, पहले तुम ध्यान में गहरे हो जाओ। क्योंकि जब बच्चा सामने खड़ा होगा, तब तुम उसे दोगे क्या? और ध्यान अगर तुम्हारे पास नहीं, तो बच्चे की मौजूदगी तुम्हें बड़ा निर्बल और दुर्बल और दीन सिद्ध करेगी। तुम्हारे पास देने को कुछ भी नहीं है। तुम पहले ध्यान में गहरे उतर जाओ, तब तुम मां बनना या पिता बनना। क्योंकि तब मां और पिता बनने का जो महत दायित्व है, उसे तुम पूरा कर सकोगे। और दायित्व की भांति नहीं, एक आनंद की भांति पूरा कर सकोगे।

ध्यान भी दो बच्चे को, विचार भी दो। विचार से वह संसार में सफल होगा, ध्यान से वह परमात्मा में सफल होगा। विचार उसे दो ताकि उसकी बुद्धि निखरे, ध्यान उसे दो ताकि उसका हृदय पवित्र होता चला जाए।

और जहां हृदय की पवित्रता और बुद्धि की सक्रियता का मिलन होता है, वहां इस जगत में जो महत्वपूर्ण से महत्वपूर्ण घटना है, वह घटती है। वहां सक्रियता और निष्क्रियता दोनों संतुलित हो जाते हैं। वहां रात और दिन दोनों ठहर जाते हैं। वहां मृत्यु और जीवन, दोनों के पार जो है, उसका दर्शन शुरू हो जाता है।

प्रश्नः

भगवान श्री, पुराणों में कथा है कि प्रलयकाल में सारी सृष्टि पानी के नीचे डूब जाती है,
और जमीन का एक टुकड़ा बचा रहता है।
वहां पर वट-पत्र के ऊपर, अपने पैर का अंगूठा चूसते हुए नन्हें बाल-मुकुंद पाए जाते हैं।
और उनसे फिर सारी सृष्टि निर्मित होती है।
सदगुरु के पास जाकर भी साधक के भीतर ऐसा ही प्रलय घटित होता है,
और उसके बाद उसका आध्यात्मिक पुनर्जन्म होता है।
क्या यह कथा इसी घटना का प्रतीक है? इसका वर्णन करिए।

प्रतिपल है मरण और प्रतिपल है तुम्हारा जन्म भी। एक दिन तुम्हारा जन्म हुआ और सौ वर्ष बाद तुम मरोगे, ऐसा नहीं है। प्रतिपल तुम मरते हो और प्रतिपल तुम्हारा नया जन्म होता है। हर क्षण पुराना समाप्त होता है, नए की शुरुआत

होती है। सृष्टि कभी हुई थी और प्रलय कभी होगा, यह तो सिर्फ कथा है। सृष्टि अभी हो रही है और प्रलय अभी हो रहा है, यह तथ्य है। परमात्मा ने कभी बनाया जगत और फिर आराम करने लगा, ऐसा नहीं है। जैसा ईसाई सोचते हैं कि छह दिन उसने बनाया, फिर सातवें दिन विश्राम किया—इसलिए सातवां दिन छुट्टी का दिन है—छह दिन में सृष्टि पूरी हो गई, फिर वह सातवें दिन आराम करने लगा। फिर वह आराम कर ही रहा है।

नहीं, ऐसा नहीं है। और परमात्मा के लिए आराम हो भी नहीं सकता। तुम्हारे लिए आराम जरूरी है, क्योंकि तुम थकते हो। अगर परमात्मा भी थकता है, तो विराट नहीं है, तो उसकी ऊर्जा का स्रोत अनंत नहीं, चुक जाता है। अगर परमात्मा भी थक जाए, तो सृष्टि उसी क्षण समाप्त हो जाएगी।

न, परमात्मा ने किसी दिन बनाया, ऐसा नहीं है, बल्कि परमात्मा प्रतिपल बना रहा है। सृजन शाश्वत है। सृष्टि कोई ऐतिहासिक घटना नहीं, शाश्वतता है। प्रतिपल निर्माण चल रहा है। ये पौधे बड़े हो रहे हैं, कलियां फूल बन रही हैं, अंडे फूट रहे हैं, पक्षी उड़ने की तैयारी कर रहे हैं। प्रतिपल कुछ भी रुका नहीं है। विराट में कहीं भी कोई विश्राम नहीं है। वहां कोई छुट्टी का दिन नहीं है। वहां सृजन एक शाश्वत उत्सव है।

और जो विराट के संबंध में सही है, वही तुम्हारे संबंध में, क्योंकि तुम भी विराट के ही एक छोटे से प्रतिबिंब हो। बूंद सही सागर की, पर तुम भी विराट की ही बूंद हो। तुम भी प्रतिपल बन रहे हो, मिट रहे हो। जो भी बीत गया, वह मिट गया। जो आने को है, वह बन रहा है। इन दोनों के बीच में तुम्हारा होना है।

यह कथा मीठी है पुराण की कि प्रलय के क्षण में सब नष्ट हो जाता है, सिर्फ एक छोटा सा बालक—बालकृष्ण या जो भी हम नाम दे दें—एक छोटा सा अबोध बालक बच रहता है। फिर उसी से सारी सृष्टि शुरू होती है। इसके अर्थ बहुआयामी हैं। सब समझने की कोशिश करें।

पहला, बड़े-बूढ़े सब मर जाते हैं, एक छोटा बच्चा बचता है। सब चालाक, अनुभवी नष्ट हो जाते हैं। सब होशियार, ज्ञानी मिट जाते हैं। एक अबोध बालक बच रहता है। अबोधता में कोई सुरक्षा है, जो होशियारी में नहीं है। एक निर्बोध, जिसे कुछ भी पता नहीं है, उसे प्रलय भी नहीं मिटा पाता। और सब ज्ञानी, सब पंडित, सब शास्त्रधर, सब खो जाते हैं। साधु, संत, सब खो जाते हैं, एक बालक बचता है। क्या इसका अर्थ होगा?

लाओत्से कहता है कि ऐसा उसने एक बार देखा कि एक बैलगाड़ी में कुछ लोग बैठे चल रहे थे। बैलगाड़ी उलट गई। दो आदमी मरे, खड्डे में गिरे। एक आदमी जो बचा, वह भी अधमरा, हाथ-पैर टूट गए। लेकिन एक आदमी को जरा भी चोट न आई। गाड़ी उलट गई, वह सड़क के किनारे गिरा, उलटा पड़ा, उलटा ही पड़ा रहा। लाओत्से बड़ा चकित हुआ। वह पास गया, उसने कहा, मामला क्या है! पाया कि वह एक आदमी शराबी था, शराब पीए हुए था। जो होश में थे, वे खतम हो गए। जो बेहोशी में था, उसको पता ही नहीं चला कि यह गाड़ी उलट गई। वे जैसे गाड़ी में थे, वैसे बाहर रहे।

थोड़ा समझने जैसा है, अक्सर यह होता है। शराबी को आप रास्ते में पड़ा हुआ अक्सर पाएंगे। आप भी जरा गिरकर देखें! उतने अगर आप गिरें, तो अक्सर आप अस्पताल में ही रहें।

शराबी रोज गिरता-पड़ता घर वापस लौट आता है। न हड्डी टूटती है, न फ्रेक्चर होता है। कुछ कला है, जो शराबी जानता है। वह कला इतनी ही है कि उसे होश नहीं है। और जब होश होता है, तो आप अपना बचाव करते हैं; जब होश नहीं होता, तो बचाव क्या करना है?

जब गाड़ी उलटी होगी, तो जो जगे थे, होश में थे, वे डर गए होंगे, उनकी हड्डियां तन गई होंगी, उनके स्नायु खिंच गए होंगे। उन्होंने अपने को बचाया होगा। गाड़ी उलटी होगी और जब वे जमीन पर गिर रहे थे, तब वे जमीन से लड़ रहे थे, बच जाएं किसी तरह, वे तने थे। वह तनाव ही चोट खाता है, वह तनाव में ही मांस-पेशियां टूट जाती हैं, हड्डियां उखड़ जाती हैं। शराबी गिरा, उनको पता ही न था कि कोई लड़ाई है, कि गाड़ी उलट गई, कि अपने को बचाना है। शराबी ऐसे गिरा होगा, जैसे शराबी वहां है ही नहीं; एक बोरा गिर रहा है, एक बंडल गिर गया, जिसमें भीतर कोई है ही नहीं। तो बंडल की कोई न हड्डी टूटती, न कुछ होता। शराबी ऐसा गिरा, जैसे भीतर नहीं था।

जब भीतर कोई बचाने वाला नहीं होता, सुरक्षा करने वाला नहीं होता, तब कोई अकड़ पैदा नहीं होती। अहंकार नहीं होता, तो प्रतिरोध पैदा नहीं होता। बिना प्रतिरोध के शराबी गिर गया। वे सो गए। उन्होंने इसको परमात्मा का आशीर्वाद समझा होगा, वे विश्राम करने लगे। लाओत्से कहता है, शराबी बच जाता है, होश वाला टूट जाता है। शराबी के बचने का कारण यही है कि उसे अपना पता नहीं है।

यह कथा कहती है कि एक छोटा बच्चा बच जाता है, सब मर जाते हैं। जो-जो बचना चाहते थे, वे सब मर जाते हैं, एक छोटा बच्चा बच जाता है। अक्सर ऐसा होता है कि कोई मकान गिरता है, बड़े-बूढ़े सब मर जाते हैं, एक छोटा बच्चा बच जाता है। आग लग जाती है, बड़े-बूढ़े भाग-दौड़ में आग पकड़ लेते हैं, छोटा बच्चा अपने झूले पर पड़ा हुआ मुस्कुराता रहता है और बच जाता है। अक्सर ऐसा हो जाता है।

इसके हो जाने का रहस्य है। और वह रहस्य यह है कि छोटा बच्चा अपनी रक्षा नहीं कर रहा है। जो खुद को नहीं बचा रहा है, परमात्मा उसे बचाता है। जो खुद को बचा रहा है, वह परमात्मा से लड़ रहा है। उसका अर्थ है, उसने कह दिया, तुम पर हमें भरोसा नहीं, हम खुद अपना आयोजन करेंगे। और अपना आयोजन प्रलय में काम नहीं पड़ेगा। अभी भी काम नहीं पड़ रहा है, तुम्हें खयाल ही है, तुम अपने को बचा रहे हो। इस जीवन के संघर्ष में, जहां प्रतिपल प्रलय हो रहा है, तुम मिट रहे हो, क्योंकि तुम छोटे बच्चे की भांति नहीं हो, अन्यथा तुम बच जाओगे।

यह कथा और भी गहरा अर्थ रखती है और वह यह है कि जैसे ही अतीत नष्ट होता है, जो भी बीत गया, वह नष्ट हो गया; और जो भविष्य है, वह अभी आया नहीं है, आएगा; तो वर्तमान के क्षण में, तुम सदा ही एक छोटे बच्चे की भांति होते हो।

लेकिन तुम अतीत को स्मृति में लेकर चलते हो। तुम जानते हो हिसाब-किताब, बैंक-बैलेंस, खाता-बही, जो किया नहीं किया, जो हुआ नहीं हुआ, वह सब तुम स्मृति में ढोते हो। वह है नहीं कहीं अस्तित्व में, सिर्फ तुम्हारी बुद्धि में समाया हुआ है। तुम भविष्य को भी अपने मन में लेकर चलते हो, क्या करना, नहीं करना, योजनाएं होंगी कि नहीं होंगी, कैसे होंगी, कैसे नहीं होंगी, वह सब जाल भी तुम लेकर चलते हो, वह भी कहीं नहीं है।

अस्तित्व में तो शुद्ध वर्तमान का क्षण है, वहां सब अतीत जा चुका है; केवल वर्तमान है, सारा भविष्य अभी आया नहीं। उस वर्तमान के क्षण में तुम कौन हो! तुम्हारा क्या अनुभव है! क्या ज्ञान है!

उस वर्तमान के क्षण में तुम्हारा कोई भी हिसाब-किताब नहीं। उस वर्तमान के क्षण में तुम एक छोटे बालक की भांति हो, नवजात शिशु, जो अभी-अभी गर्भ से जन्मा है। जिसको तुम यह भी पूछो कि तू कौन है, तो जवाब नहीं दे सकता। जो कुछ भी नहीं जानता है, जिसके हृदय की स्लेट बिलकुल कोरी है, जिस पर अभी कुछ भी लिखा नहीं गया है। यह जो अनलिखा हृदय है, यही शुद्ध बाल-हृदय है।

ध्यानी प्रतिपल ऐसा ही बाल-हृदय होता रहता है। ध्यान का अर्थ है, जो-जो कचरा अतीत में छोड़ा, उसे पोंछ डालो; जो-जो तुम सीखे, उसे मिटा दो, अनलर्निंग; जो-जो जाना, उसे फिर से अनजाना कर दो; जो-जो इकट्ठा कर लिया, उसे विसर्जित कर दो। तुम फिर ताजे, हल्के, नए हो जाओ। जैसे नई कोंपल फूटती है वृक्ष पर। सब पुराने पत्ते गिरा दो, पतझड़ प्रतिपल होने दो, ताकि हर पतझड़ के पीछे वसंत हो, नई कोंपल आ जाए। तुम बिलकुल ताजे, तुम बिलकुल नए, जिस पर कुछ भी लिखा हुआ नहीं है, जिस पर अतीत के कोई चरण-चिह्न नहीं हैं, जिस पर एक भी रेखा नहीं है, ऐसे निर्मल तुम प्रतिपल हो जाओ, यही ध्यानी का प्रयोग है। ध्यानी प्रतिपल अतीत से अपने को मुक्त करता रहता है, अतीत के प्रति मरता जाता है। और भविष्य को पैदा नहीं होने देता, उसकी जरूरत नहीं है, वह अपने आप पैदा होगा, तुम उसके लिए व्यर्थ परेशान मत होओ, वह तुम्हारे बिना चलता रहेगा।

न आकाश तुमसे पूछकर है, न चांद-तारे तुमसे पूछकर घूम रहे हैं, न नदियां तुमसे पूछकर बह रही हैं। समय भी तुमसे बिना पूछे चल रहा है, तुम उसके पीछे परेशान मत होओ। अतीत को पोंछ दो, वह धूल तुम पर न बचे। भविष्य को तुम जन्माओ मत, वह अपने से जन्मेगा। तब तुम एक नवजात शिशु की भांति इनोसेंट—और यह इनोसेंस, यह निर्दोषता ही ध्यान है।

और तब तुम्हारे भीतर से विराट सृजन होगा, तब तुम्हारी सारी जीवन-ऊर्जा स्रष्टा की ऊर्जा हो जाएगी। तब तुम परमात्मा हो। जो शुद्ध, सरल बालक की भांति है, वह परमात्मा है। जहां तुम चालाक हुए, वहीं तुम संसारी हो।

यह हो सकता है, यह हुआ है। बुद्ध ऐसे ही नवजात शिशु की भांति हो गए, कृष्ण ऐसे ही नवजात शिशु की भांति हो गए। यह जानकर तुम्हें शायद विस्मय हो कि हमने कृष्ण, बुद्ध, महावीर, राम, इनको दाढ़ी-मूंछ वाला नहीं चित्रित किया है।

तो दो ही बातें हो सकती हैं: एक तो कि इनके शरीर में हार्मोन की कुछ कमी रही हो। उस हालत में इनका पुरुषत्व संदिग्ध होगा। ये थोड़े-से स्त्रैण साबित होंगे। और एकाध के लिए हो भी सकता था, क्योंकि स्त्रैण व्यक्तित्व वाला पुरुष भी ज्ञान को उपलब्ध हो सकता है, कोई अड़चन नहीं है। लेकिन सभी को? जैनियों के चौबीस तीर्थंकर बिना दाढ़ी-मूंछ, सारे बुद्धों की कल्पना बिना दाढ़ी-मूंछ, अतीत के ही नहीं, भविष्य में जो बुद्ध होने वाले हैं, मैत्रेय, उनका चित्र भी दाढ़ी-मूंछ के बिना; राम, कृष्ण सब दाढ़ी-मूंछ के बिना।

कुछ कारण और है।

इनको दाढ़ी-मूंछ सबको उगी होगी, क्योंकि बुद्धत्व दाढ़ी-मूंछ के कुछ विरोध में नहीं है, लेकिन हमने इन्हें चित्रित किया है बिना दाढ़ी-मूंछ के। इसमें हमारा कोई अर्थ है। और वह अर्थ यह है कि हम इन्हें बूढ़ा नहीं होने देना चाहते। और हम जानते हैं कि ये कभी बूढ़े नहीं हुए। ये बूढ़े हुए हैं, इनकी कमर झुकी होगी। लेकिन हम जानते हैं कि इनकी चेतना कभी बूढ़ी न हुई, कभी पुरानी न हुई। वह सदा नवजात शिशु की भांति बनी रही, वह सदा ताजी रही। उस ताजेपन की खबर देने को हमने इनके शरीर को भी ताजा और नया और युवा रखना चाहा। यह जो इनका युवापन हमने चित्रित किया है, यह शारीरिक नहीं है, यह चेतनागत है।

निश्चित ही जब सृष्टि का अंत हो जाता है, प्रलय घट जाता है—अतीत मिटता है और नया अभी पैदा नहीं हुआ—तो दोनों के बीच में कौन होगा सेतु? अगर हमसे कोई कथा लिखवाता, तो हम किसी बूढ़े समझदार को, किसी पंडित को, वेद के ज्ञाता को बचाते, कि यह आदमी ठीक रहेगा नई सृष्टि शुरू करने को। लेकिन यह कथा एक छोटे बच्चे को बचाती है।

वेद का ज्ञाता निर्दोष नहीं हो सकता। निर्दोष व्यक्ति स्वयं वेद है, वह वेद का ज्ञाता नहीं है। और यह पूरी प्रकृति की धारा पुराने और जराजीर्ण को मिटाती है, नए को पैदा करती है। भगवान का हिसाब कुछ अनूठा मालूम पड़ता है।

अभी वैज्ञानिक सोचते हैं, तो उलटा सोचते हैं। वैज्ञानिक कहते हैं कि यह बिलकुल ही अनइकोनॉमिकल है कि बूढ़े मरें और बच्चे पैदा हों। है भी अनइकोनॉमिकल, आर्थिक दृष्टि से बिलकुल खतरा है। क्योंकि बूढ़ा आदमी सब तरह से तैयार, पढ़ा-लिखा, अनुभवी, सत्तर साल हमने उस पर खराब किए, सब मिला-जुलाकर किसी तरह उनमें थोड़ी बुद्धि आई, वे मरने के करीब पहुंच गए। जो मकान बनकर तैयार हो गया, वह गिरने के करीब है। और एक छोटा बच्चा उसकी जगह ले लेगा, जिनके साथ फिर वही मेहनत। यह बिलकुल अनइकोनॉमिकल है। कोई भी राज्य इसको चलने नहीं दे सकता। मजबूरी है, कुछ कर नहीं सकते, इसलिए चलता है। नहीं तो बूढ़ों को हम बचाएंगे और बच्चों को हम रोकेंगे। क्योंकि बच्चा! यह बिलकुल फिजूल खर्च है। इसके साथ फिर वही करना होगा, यह फिर वही नासमझियां करेगा, फिर वही गलतियां करेगा, फिर वही स्कूल, फिर पढ़ाओ-लिखाओ और फिर...और आखिर में, जब बनकर तैयार हो जाएगा, जब हमारे कुछ काम का होता, तब इनकी मौत आ जाएगी।

तो वैज्ञानिक कहते हैं कि यह कोशिश चलती है कि कैसे हम बूढ़ों को बचाएं। एक काम में तो वे सफल हो गए कि बच्चों को हम कैसे रोकें, बर्थ-कंट्रोल, उसमें वे सफल हो गए। वह आधी प्रक्रिया पूरी हो गई कि बच्चे अब रोके जा सकते हैं। अब दूसरा काम शुरू है कि बूढ़े कैसे रोके जाएं, उनको जाने न दिया जाए। और कई बूढ़े हमें बड़े काम के लगते हैं।

वह आइंस्टीन है, रोक लें तो बड़े काम का लगता है। सदियां बीत जाएंगी, तब शायद ऐसा आदमी फिर पैदा होगा। और अगर आइंस्टीन को हम सौ साल रोक लें, तो वह क्या नहीं करेगा, कहना मुश्किल है। क्योंकि अब, जब उसकी बुद्धि बिलकुल परिपक्व हो रही थी, तब उसके विदा का वक्त आ गया। इसको अगर हम सौ साल और बचा लें, तो इस बुद्धि के ऊपर नए भवन खड़े होते जाएंगे। और आइंस्टीन कुछ दे सकेगा, जो बच्चे कैसे देंगे? तो इस बात की कोशिश चलती है।

आपको शायद पता न हो कि हजारों लोगों ने अपने बीमा करवाए हैं कि मर जाने के बाद उनकी लाश बचा ली जाए। क्योंकि ऐसा शक है कि इस सदी के पूरे होते-होते व्यक्तियों को पुनरुज्जीवित करने की कला हमारे हाथ में आ जाएगी। तो अमरीका में कई स्थानों पर डीप फ्रीजिंग का उपाय किया गया है, जहां कुछ लाशें सुरक्षित कर दी गई हैं। खर्चीला है, सिर्फ करोड़पति करवा सकते हैं। कोई दस हजार रुपए रोज का खर्च है एक आदमी की लाश को बचाने के लिए। कुछ लाशें तो सुरक्षित हो गई हैं। वे लोग मरने के पहले अपना सारा पैसा जमा कर गए हैं, ट्रस्ट बना गए हैं। वह ट्रस्ट उनकी लाश को बचाएगा तब तक, जब तक कि विज्ञान कला न खोज ले पुनरुज्जीवित करने की। बीस साल, पच्चीस साल में कला हाथ आ जाएगी, तो उनको पुनरुज्जीवित किया जा सकेगा। इस आशा में वे सारा इंतजाम करके गए हैं। एक बड़ा आंदोलन चलता है कि कैसे हम बूढ़े लोगों को बचाएं।

आज नहीं कल, विज्ञान शायद कोई तरकीब खोज ले। जब बच्चे पैदा होने से रोके जा सकते हैं, तो बूढ़े मरने से भी रोके जा सकते हैं। अगर बर्थ-कंट्रोल संभव है, तो डेथ-कंट्रोल भी संभव है। वह उसका ही दूसरा हिस्सा है। और जिस दिन हम बूढ़े को रोक लेंगे, उस दिन तो बर्थ-कंट्रोल हम बिलकुल ही कर लेंगे पूरा, क्योंकि फिर दोनों के लिए जगह नहीं हो सकती। इसमें जगह का यहां हिसाब ऐसा है कि बूढ़ा सरकता है, तो बच्चे के लिए जगह खाली होती है। जब भी आपके घर में एक बच्चा पैदा होता है, तभी सचेत हो जाना चाहिए, अब कोई बूढ़ा मरने के करीब हुआ। क्योंकि जगह कहां है? हर सांस जगह मांगेगी, बूढ़े को हटना होगा।

लेकिन यह बड़ा सोचने जैसा है कि परमात्मा की प्रक्रिया यह है कि वह बूढ़ों को हटाता है, तैयार को मिटाता है, गैर-तैयार को लाता है। पुराने पत्ते को गिराता है, नई कोंपल को जन्माता है। परमात्मा नए के पक्ष में और पुराने के विपक्ष में है। हम पुराने के पक्ष में और नए के विपक्ष में हैं। इसलिए जो भी पुराना है, उसको हम श्रेष्ठ कहते हैं। और जो भी नया है, हम कहते हैं, नया है, इसका क्या भरोसा? इसलिए जो शास्त्र जितना पुराना है, हम कहते हैं, उतना ही महान है। जो धर्म जितना पुराना है, हम कहते हैं, उतना ही कीमती है। इसलिए सभी धर्म कोशिश करते हैं—झूठ-सही—कि उनका धर्म बहुत पुराना है, उनकी किताब बहुत पुरानी है। पुराने का हमको रस है।

लेकिन परमात्मा को बिलकुल पुराने में रस नहीं है, परमात्मा का रस नए में है। परमात्मा तो कहता है, पुराना अगर है, तो उसे मरना चाहिए। नया है, तो उसे जीवन में आना चाहिए। नए में कुछ खूबी परमात्मा को दिखाई पड़ती है, जो हमको नहीं दिखाई पड़ती। हमें पुराने में कुछ खूबी दिखाई पड़ती है। पुराने का हमारा मोह क्या है? क्योंकि पुराना अनुभवी है, जानता है, जी चुका, परिपक्व हो गया है। नया गैर-अनुभवी है, जानता नहीं है, अपरिपक्व है, भटकने का उपाय है। लेकिन परमात्मा की तरफ से अगर हम समझें तो जो जितना ज्यादा अनुभवी है, उतना ही चालाक है, उतना ही कुशल है, उतना ही होशियार है। और जो जितना चालाक है, उतना ही कम निर्दोष, उतना ही भोलापन उसमें संभव नहीं है। और इस जगत के द्वार भोले हृदय के लिए खुले हैं। और यह अस्तित्व केवल उन्हीं पर वर्षा करता है आनंद की, जो इतने सरल हैं कि जिनकी श्रद्धा में रत्तीभर भी अश्रद्धा नहीं है।

एक बालक जैसी श्रद्धा ही संतत्व को जन्म देती है। एक छोटा बच्चा है, वह आपमें पूरी श्रद्धा रखता है। उसे खयाल भी नहीं आता कि मैं श्रद्धा रखता हूं, क्योंकि यह खयाल भी अश्रद्धालु को आता है। जिसके मन में शक हो गया, उसको लगता है कि मैं श्रद्धा करता हूं। बच्चे की श्रद्धा इतनी परिपूर्ण है कि उसे यह भी पता नहीं कि मैं श्रद्धा करता हूं। बस श्रद्धा उसका स्वभाव है।

यह कथा मीठी है। सृष्टि के अंत पर, जब प्रलय घट जाता है, तो एक छोटा बच्चा बचता है। क्योंकि परमात्मा बचा रहा है, वैज्ञानिक नहीं बचा रहे। और परमात्मा सदा नए के पक्ष में है। इसलिए मैं कहता हूं, परमात्मा से बड़ा क्रांतिकारी तत्व जगत में दूसरा नहीं है। परमात्मा से बड़ा क्रांतिकारी जगत में दूसरा नहीं है। क्रांति का यही मौलिक स्वर है कि पुराने को जाने दो, नए को आने दो। पुराना मर ही चुका, इसीलिए पुराना है। नया पूरा जीवंत है, इसलिए नया है।

और अगर तुम इस कला को सीख लो—और इसी कला को मैं ध्यान कह रहा हूं—कि तुम कभी पुराने न हो पाओ, तो परमात्मा तुम्हें सदा बचाएगा। जिस दिन सृष्टि नष्ट होगी, उस दिन भी तुम बचोगे; जिस दिन महाप्रलय होगा, उस दिन भी तुम बचोगे। तुम्हारे लायक जमीन बचाई ही जाएगी।

लेकिन उसकी कला यह है कि तुम एक नवजात शिशु बने रहना, तुम बूढ़े मत हो जाना। शरीर तो बूढ़ा होगा, शरीर जाएगा भी, लेकिन तुम बूढ़े मत होना। तुम्हारी आत्मा नई बनी रहे, नई कोंपल की तरह, सुबह गिरी नई ओस की बूंद की तरह तुम्हारी आत्मा ताजी बनी रहे, तो तुम्हें परमात्मा सदा सुरक्षा देगा। तुम जहां बूढ़े हुए, वहीं तुम परमात्मा के विपरीत गए, वहीं तुमने अपनी मृत्यु को बुलाया।

तुम अमृत हो, अगर तुम सदा नए हो। नयापन अमरत्व है।

आज इतना ही।

(मूल पुस्तक 'नहिं राम बिन ठांव' का दसवां प्रवचन)

6

होतेई का झोला

सिद्धत्व उस दिन पूरा है,
जिस दिन छोड़ा, छोड़े हुए में वापस रहने की कला भी आ गई।
दूर हट गए और फिर पास भी आ गए,
लेकिन अब संसार स्पर्श नहीं करता है।

प्रश्न :

भगवान, झेन फकीर होतेई कंधे पर झोला लटकाए घूमता,
बच्चों को मिठाइयां बांटता और उनके साथ सिर्फ खेला करता था।
जब रास्ते पर कोई झेन भक्त मिल जाता,
तो वह नमस्कार करके उससे इतना ही कहता कि एक पैसा दे दो।
और जब कोई उससे कहता कि मंदिर में चलकर उपदेश करो,
तब भी होतेई यही कहता कि एक पैसा दे दो।
एक बार जब वह बच्चों के साथ खेल रहा था, एक दूसरा झेन संत मिला,
जिसने उससे पूछा : झेन का अर्थ क्या है? होतेई ने मूक उत्तर में अपना झोला जमीन पर डाल दिया।
और जब उस संत ने पूछा कि झेन की उपलब्धि क्या है?
तब वह हंसता हुआ बुद्ध अपना झोला कंधे पर रखकर चलता बना।
और यह संत बहुत प्रसिद्ध संत हो गया। इनके संदेश क्या थे, कृपया समझाएं।

संतों का वक्तव्य या उनका जीवन किसी तर्क-सरणी के आधार पर नहीं चलता। उनके जीवन का कोई गणित नहीं है। वे किसी बंधी-बंधाई लकीर के फकीर नहीं होते। उनका जीवन है एक सहज स्पंदन। उस स्पंदन में हम कुछ अनुभव कर सकते हैं। उस स्पंदन का हम रहस्य-आस्वाद कर सकते हैं। लेकिन उस स्पंदन की कोई तार्किक, बुद्धिगत व्याख्या नहीं हो सकती।

तो पहली बात तो यह समझ लेनी जरूरी है कि संतों का जीवन किसी नीति-नियम, किसी शास्त्र, किसी परंपरा, किसी ढांचे का जीवन नहीं है। वह नहर की भांति नहीं है, वह बहती हुई सरिता की भांति है। आयोजित नहीं है, क्षण-क्षण चेतना से जो स्पंदन उठते हैं, उनको उनकी परिपूर्णता में जीने से संत का जीवन निकलता है।

दुर्जन हम उसे कहते हैं, जिसके जीवन में बुराई का ढांचा है; जो ढांचे से जीता है, लेकिन ढांचा बुराई का है। जिसने चोरी का, बेईमानी का आयोजन कर रखा है; जो सोच-विचारकर, हिसाब लगाकर, बुराई के मार्ग पर चल रहा है। बुराई उसकी चुनी हुई जीवन की शैली है, यह उसका निर्णय है।

सज्जन हम उसे कहते हैं, जिसने भलाई को जीवन का ढांचा बनाया है। अच्छा करना, दान, दया, इन सबको उसने सोचा-विचारा है, हिसाब लगाया है। और फिर इनके अनुसार उसने अपने जीवन को ढाला है।

बुरे आदमी और भले आदमी दोनों के जीवन ढांचे में बंधे जीवन हैं। एक तीसरा जीवन है संत का, जो ढांचे से मुक्त जीवन है। इसलिए दो संतों के जीवन एक जैसे नहीं होंगे। एक जैसा जीवन तो तभी हो सकता है, जब एक ढांचे में ढाला गया हो। तो फिएट कारें एक जैसी हो सकती हैं करोड़ों, एक ढांचे से निकलती हैं। लेकिन दो पौधे एक जैसे नहीं हो सकते। पौधे तो दूर, दो पत्ते एक जैसे नहीं हो सकते। दो कंकड़ इस बड़ी पृथ्वी पर एक जैसे नहीं खोजे जा सकते। क्योंकि हर कंकड़ उठा है अनंत से, वह किसी ढांचे से पैदा नहीं हुआ है।

इसलिए अस्तित्व में कोई चीज दोहरती नहीं, पुनरुक्त नहीं होती। प्रत्येक वस्तु अनूठी है, बेजोड़ है।

संत अपने को आयोजित नहीं करता—न बुराई की तरफ, न भलाई की तरफ। संत अपने जीवन को कोई व्यवस्था नहीं देता। संत अराजकता में होश से जीता है। यह बात बहुत गहराई से समझ लेने जैसी है। क्योंकि अराजकता में आप बेहोशी से भी जी सकते हैं।

अगर आप अराजकता में बेहोशी से जीए, तो दुर्जन पैदा होगा। आप कितना ही सोचें कि ढांचा नहीं है, ढांचा होगा। अगर आप होश से न जीए, नियम-अनुशासन से जीए, अराजकता से नहीं, तो सज्जन पैदा होगा।

लेकिन अराजकता—कोई नियम नहीं, कोई शास्त्र नहीं, कोई ढांचा नहीं—और होश, जैसे होश ही एकमात्र शास्त्र है। अपने को जगाए रखना ही जैसे एकमात्र नियम है, परम नियम है। यही संत की जीवनचर्या है। इसे चर्या कहना भी ठीक नहीं, क्योंकि चर्या में लगता है कि कुछ सोचा-विचारा हुआ आचरण है। जागे हुए जीने से जो घट जाए, वही संत का आचरण है। अमूर्च्छित आचरण संतत्व है। इसलिए दो संतों के जीवन एक जैसे न होंगे। और किसी भी संत को समझना हो, तो उसके जीवन को रहस्य की भांति देखना शुरू करना।

समझने के दो रास्ते हैं। एक फूल खिला है, एक रास्ता तो वैज्ञानिक का है : इस फूल को तोड़ो, इसकी पंखुड़ियां अलग करो, इसका विश्लेषण करो, इसके तत्वों को भिन्न-भिन्न करो; कितने रासायनिक हैं, कितने खनिज हैं, कैसे यह फूल बना है, इस सबकी पूरी व्यवस्था खोज लो—यह विज्ञान का ढंग है समझने का। इसमें तोड़ना जरूरी है, विश्लेषण, एनालिसिस जरूरी है।

फूल खो जाएगा, फूल का ढांचा समझ में आ जाएगा। बिलकुल पक्का पता चल जाएगा कि किन-किन रासायनिक तत्वों से मिलकर बना। लेकिन इस पता चलने में फूल का सौंदर्य तिरोहित हो जाएगा, क्योंकि फूल कुछ भी था तो अपनी पूर्णता में था। पंखुड़ियां अलग होकर, टूटकर, रासायनिक द्रव्य अलग-अलग शीशियों में रख जाएंगे, फार्मूला कागज पर आ जाएगा, लेकिन फूल खो जाएगा। वह खिलापन, वह सौंदर्य, वह ताजगी, वह सब खो जाएगी। वह जो फूल परमात्मा के एक गीत के टुकड़े की तरह था; वह फूल, जो परमात्मा के एक इंगित-इशारे की तरह था, वह खो गया। कागज पर सूत्र हाथ आ गया। यह विज्ञान का ढंग है समझने का।

इसलिए विज्ञान कभी आत्मा को नहीं समझ पाता, क्योंकि आत्मा को तोड़ने का कोई उपाय नहीं। शरीर को समझ लेता है, क्योंकि शरीर तोड़ा जाता है। शरीर को समझ लेता है, क्योंकि उसके तत्व अलग किए जा सकते हैं—कितना है पानी, कितना ऑक्सीजन, कितना हाइड्रोजन,

कितने खनिज। आत्मा अखंड है। वह किन्हीं चीजों से मिलकर नहीं बनी। इसलिए उसका विश्लेषण नहीं होता। जिसका विश्लेषण नहीं होता, विज्ञान कहता है, वह है ही नहीं, क्योंकि उसको समझने का कोई उपाय नहीं। इतना भी समझने का उपाय नहीं कि वह है।

इसलिए विज्ञान आत्मा को स्वीकार कभी भी नहीं करेगा, जब तक कि आत्मा खंडित होने को राजी न हो, जो कि आत्मा का स्वभाव नहीं है। इसलिए विज्ञान परमात्मा को कभी स्वीकार नहीं करेगा। जगत को स्वीकार करता है, सृष्टि को मानता है, स्रष्टा को नहीं। क्योंकि सृष्टि की व्याख्या हो सकती है। एक तो यह ढंग है।

एक और ढंग है, वह है रहस्यवादी का; वैज्ञानिक का नहीं, संत का। अगर संत को पूछें कि फूल क्या है, तो संत फूल को तोड़ेगा नहीं। क्योंकि टूटते ही फूल का स्वरूप बदल जाएगा। फिर तुम जो भी जानोगे, वह वही नहीं है, जिसको तुम जानने चले थे। उसका गुणधर्म बदल गया। तो संत तो फूल को वृक्ष से अलग भी नहीं करेगा। क्योंकि वृक्ष के साथ अलग हुआ फूल और ही चीज है। वृक्ष के साथ जुड़ा हुआ फूल और ही चीज है। ये दोनों इतनी पृथक हैं चीजें! क्योंकि वृक्ष के साथ जीवंत था, वृक्ष से अलग होकर मृत है। यह फर्क उतना ही है, जितना तुम जिंदा और तुम मुर्दा, तुम्हारी लाश और तुममें है।

तो संत तो कहेगा कि तुमने तोड़ा, वहीं गुणधर्म बदल गया; अब तुम जिसे जानोगे, वह मुर्दा होगा। वह खबर मृत्यु के संबंध में होगी। पूछा था जीवित फूल के संबंध में; सूत्र जब तुम लाओगे निकालकर प्रयोगशाला से, वह मरा हुआ होगा। तो संत फूल को वृक्ष से तोड़ेगा नहीं। फिर संत क्या करेगा?

संत फूल को छुएगा भी नहीं, क्योंकि छूना बाहर से होगा। तो परिधि को हम पहचान सकते हैं स्पर्श से कि कोमल है, कि खुरदरी है। लेकिन अंतरात्मा को हम कैसे छुएंगे? उसे छूने का कोई उपाय नहीं, वह स्पर्श के बाहर है। और संत फूल के शरीर में उत्सुक भी नहीं है। क्योंकि फूल में जब आपको सौंदर्य दिखता है तो वह शरीर नहीं है, वह शरीर के भीतर से आती हुई आत्मा की किरणें हैं। संत क्या करेगा?

संत ध्यान करेगा, फूल के पास बैठ जाएगा। फूल में कुछ भी बदलाहट न करेगा, अपने में बदलाहट करेगा; कि सब विचार शांत हो जाएं। फूल को जरा भी न छुएगा, अपने को रूपांतरित करेगा; कि यहां हृदय बिलकुल मौन हो जाए। यहां हृदय इतना मौन हो जाए कि फूल पूरी तरह प्रवेश कर सके। यहां भीतर की सब सीमाएं गिर जाएं, ताकि फूल भी अपनी सुरक्षा का आयोजन तोड़ दे।

क्योंकि जब तुम आयोजित होते हो सुरक्षा में, तो दूसरा भी तैयार होता है। जब तुम अपने चारों तरफ दीवाल खड़ी करते हो, तो दूसरा भी खड़ी करता है। दूसरा तुमसे डरा है। जब तुम अपनी सब दीवाल हटा लेते हो, तो दूसरा भी निर्भय हो जाता है।

संत ध्यान से प्रेमपूर्वक फूल के पास बैठेगा। यह फूल का जो ध्यान है, इसमें वह अपने को फूल में लीन करेगा, फूल को अपने में लीन होने देगा। एक घड़ी आएगी, जब संत भी वहां नहीं बचेगा, फूल भी वहां नहीं बचेगा। दोनों की जीवनधाराएं एक-दूसरे में लीन, एक-दूसरे में लयबद्ध हो जाएंगी। तब संत जानेगा कि फूल क्या है! तब वह कहेगा, जिसने एक फूल को जान लिया, उसने सब परमात्मा को जान लिया। यह रहस्यवादी का ढंग है।

होतेई की यह जीवन की घटना है। यह बड़ा अनूठा संत हुआ होतेई। इसको अगर आप पुराने किसी और संत से तौलेंगे, तो मुश्किल खड़ी होगी, क्योंकि तुलना हो नहीं सकती। इस जैसा दूसरा संत कभी हुआ नहीं। यह होतेई जीवनभर एक गांव से दूसरे गांव चलता रहा, कहीं रुका नहीं, रुकना उसकी आदत न थी। किसी ने होतेई से एक बार पूछा कि ध्यान का सार-सूत्र क्या है? तो होतेई ने कहा, वाक ऑन! चलते जाओ, रुको मत। रुके कि ध्यान गया। जहां हम रुकते हैं, वहीं मन निर्मित होता है। जहां नदी रुकती है, वहीं सरोवर हो जाती है और सड़ने लगती है। होतेई कहता है, चलते रहो, रुको मत। कोई मंजिल नहीं, चलना ही मंजिल है। कहीं पहुंचना नहीं, बहना ही पहुंचना है—बहाव।

यह बुद्ध की एक बहुत गहरी अंतरानुभूति पर निर्भर बात है। क्योंकि बुद्ध ने कहा, जगत में वस्तुएं नहीं हैं, प्रक्रियाएं हैं। तुम भी व्यक्ति नहीं हो, एक प्रक्रिया हो। आमतौर से भाषा के कारण हम सब चीजों को वस्तुओं में बदल देते हैं। हम कहते हैं, नदी है। बुद्ध से पूछो। बुद्ध कहते हैं, है जैसा कुछ भी नहीं, नदी हो रही है। है में तो स्थिरता मालूम पड़ती है, लेकिन नदी कभी भी है की अवस्था में नहीं होती, हमेशा होती रहती है। हम कहते हैं, वृक्ष है। तो ऐसा लगता है, सब ठहरा हुआ है, भाषा के कारण। वृक्ष प्रतिपल हो रहा है। कोई पुराना पत्ता गिरा होगा, जब मैंने कहा, वृक्ष है, कोई नया पत्ता जन्मा होगा। कोई फूल हवा में झड़ गया होगा, कोई कली फूल बन रही होगी। तो वृक्ष कोई ठहरी हुई चीज नहीं है, एक प्रवाह है, एक प्रोसेस है।

तुम भी एक प्रवाह हो। इसलिए बुद्ध कहते हैं, आदमी में कोई आत्मा नहीं। क्योंकि आत्मा कहते ही से ऐसा लगता है, कोई चीज, कोई ठहरी हुई चीज। बुद्ध कहते हैं, आदमी एक प्रवाह है, एक सतत धारा है। जैसे हम दीए को जलाते हैं, तो ज्योति दिखाई पड़ती है। लेकिन ज्योति ठहरी हुई नहीं है, प्रतिपल बदल रही है, बदलती ही जा रही है। परिवर्तन के अतिरिक्त और कुछ भी शाश्वत नहीं है, बुद्ध कहते हैं। बस एक ही चीज सदा है और वह परिवर्तन है। और प्रत्येक वस्तु वस्तु नहीं है, प्रक्रिया है।

तो यह जो होतेई ने कहा वाक ऑन, बस यही सार है ध्यान का कि बढ़ते जाओ। मन सदा रुकना चाहता है। इसलिए मन हमेशा मंजिल की तलाश करता है और कहीं भी मंजिल को मानकर ठहर जाता है। कोई मन धन पर रुक जाता है, कोई मन यश पर रुक जाता है, कोई मन कहीं और, लेकिन रुकना मन चाहता है कि बस रुको। जिस दिन तुम रुकने की आकांक्षा से मुक्त हो जाओगे, जिस दिन तुम मंजिल मांगोगे ही नहीं, उस दिन तुम्हारी मंजिल आ गई। उस दिन तुम्हारे चित्त में कोई भी तनाव न रह जाएगा। क्योंकि कहीं पहुंचना नहीं, तो तनाव क्या है?

कभी तुमने खयाल किया, सुबह तुम घूमने निकले हो, तब कोई तनाव नहीं होता। रास्ता वही है, दिशा वही है; दोपहर उसी रास्ते पर फिर तुम दफ्तर की तरफ या दुकान की तरफ जाते हो, तब तनाव होता है। रास्ता वही है, तुम भी वही हो, दिशा भी वही है, लेकिन अब तुम कहीं जा रहे हो, कहीं पहुंचना है। अगर न पहुंचे, देर हो गई, तो अड़चन है, तो तनाव है। लेकिन सुबह तुम वहीं घूमने निकले थे। वही रास्ता था। लेकिन तुम्हारी चाल में जो मस्ती थी, वह अब नहीं है। और तुम्हारा हृदय हल्का-फुल्का था। क्योंकि न कहीं पहुंचना था, न कोई जल्दी थी।

न पहुंचे तो चलेगा, पहुंचे तो चलेगा, पहुंचना कहीं था नहीं, कहीं से भी वापस लौट आए तो चलेगा। इसलिए घूमने में जो आनंद आता है, वह कहीं जाने में नहीं आता।

तुम खेल खेलते हो, तब एक सुख की प्रतीति होती है। लेकिन वही खेल तुम एक प्रोफेशनल की तरह खेलो, तब सुख की प्रतीति नहीं होती। तुम ताश खेल रहे हो या कि शतरंज खेल रहे हो, सिर्फ खेल रहे हो। हारे तो ठीक, जीते तो ठीक। जीत में रस नहीं है, खेल में ही रस है। तब एक बात है। लेकिन किसी ने तुमको नौकरी पर रखा है शतरंज खेलने के लिए, तब बिलकुल बात दूसरी है। तब खेल खेल न रहा, व्यवसाय हो गया।

जहां साध्य आया, वहां व्यवसाय आया। जहां मंजिल आई, वहां धंधा आया। अब यह जरा कठिन होगा समझना। क्योंकि हम सोचते हैं, एक आदमी ने दुकान छोड़ दी है, हिमालय चला गया, सब व्यवसाय छोड़ दिया। वह वहां भी व्यवसाय कर रहा है, अगर साध्य उसके मन में है। अगर वह सोच रहा है, हिमालय पर बैठकर मैं परमात्मा को पा लूंगा, तो धंधा जारी है। दि एंड, वह जो पीछे अंत-फल है, अगर उस पर नजर लगी है, तो धंधा जारी है।

अगर वह हिमालय पर बैठकर आनंदित है—परमात्मा मिले तो, न मिले तो, मिल गया तो ठीक, न मिला तो उतना ही ठीक—तो उसका हिमालय पर बैठना धार्मिक कृत्य हो गया। जहां साधन ही साध्य है। यहीं होना जहां मंजिल पर होना है। इसको ही अगर हम दूसरी भाषा में कहें तो परमतृप्ति कहते हैं, संतोष। संतोष का अर्थ है, जहां साधन ही साध्य है। असंतोष का अर्थ है, साधन अलग, साध्य अलग। और साधन को हम इसीलिए चला रहे हैं कि किसी तरह साध्य मिल जाए। और हमारा मन साध्य में जीता है। तो जब तक तुम्हारे जीवन में कोई भी साध्य है—मोक्ष, परमात्मा, शांति, आनंद—कुछ भी साध्य है, तब तक तुम दुकानदार ही रहोगे। तब तक तुम्हारे जीवन में वह हल्कापन नहीं हो सकता, जो ध्यानी के जीवन में आता है।

होतेई कहता है कि ध्यान का अर्थ है, वाक ऑन। कहीं रुको मत, बढ़ते ही जाओ। किसी दिशा में भी बढ़ने का सवाल नहीं है, सिर्फ रुको मत, बहते ही जाओ। तुम्हारा बहाव कहीं ठहरे न, तुम गंदे न हो जाओ।

सरोवर गंदा होता है, सरिता कभी गंदी नहीं होती। और कितनी ही गंदगी हम सरिता में फेंक दें, वह गंदगी भी निखर जाती है, सरिता स्वच्छ बनी रहती है। और सरोवर में गंदगी न भी फेंको, तो भी गंदा हो जाएगा। क्योंकि बंद है, बहाव नहीं है, सड़ेगा, सूखेगा। सरिता सड़ नहीं सकती।

तुम्हारा जीवन जब धंधे का जीवन होता है, तो एक सरोवर की तरह, एक डबरे की तरह। जब तुम्हारा जीवन ध्यान का जीवन होता है, तो एक सरिता की भांति।

यह होतेई किसी गांव रुकता नहीं था—किसी नियम के कारण नहीं। यही मजा है समझने का। महावीर ने अपने संन्यासियों को कहा है कि तीन दिन से ज्यादा एक गांव में न रुकें। ठीक है। बहुत सोचकर कहा है। क्योंकि तीन दिन हमारे मन की सीमा है। चौथे दिन से लगाव शुरू होता है। अगर आप मकान बदलें और नए मकान में जाएं, तो तीन दिन तक अजनबीपन लगेगा। चौथे दिन से मकान अपना लगेगा।

इसलिए हिंदू, जब कोई मर जाता है, तो तीसरा मनाते हैं। असल में चौथे दिन से, वह जो आदमी जा चुका, सच में जा चुका। तीन दिन तक वह खलता है उसका अभाव, चौथे दिन स्वीकृत होने लगता है।

मनोवैज्ञानिक बहुत अध्ययन करके कहे हैं कि तीन दिन मन की सीमा है। कोई भी चीज के साथ लगाव बनाना हो, तो कम से कम तीन दिन साथ चाहिए। महावीर ने कहा कि तीन दिन से ज्यादा साधु किसी गांव में न रुके। सिर्फ इसलिए, ताकि गांव ठहराव न बन जाए, सरिता रुकने न लगे। तीन दिन के बाद मोह पैदा होंगे। किसी से प्रीति बन जाएगी, किसी से दुश्मनी बन जाएगी, कोई अच्छा लगेगा, कोई बुरा लगेगा। मन होगा कि कोई पास रहे, मन होगा कि कोई पास न रहे। बस, गृहस्थी बननी शुरू हो गई।

लेकिन इसको नियम की तरह जो मानेगा, वह सार से वंचित रह जाएगा। यह कोई नियम नहीं है। क्योंकि तुम तीन क्षण में लगाव बना सकते हो, लगाव ही बनाना है तो। और लगाव न बनाना हो, तो तुम तीन जन्मों तक भी लगाव से मुक्त रह सकते हो। नियम तो ऊपर-ऊपर हैं, कामचलाऊ हैं, नासमझों के लिए हैं। समझदार तो सार को पकड़ेगा।

यह होतेई किसी गांव में रुकता नहीं था, सिर्फ गुजरता था। एक झोला अपने कंधे पर टांगे रखता था। न तो बुद्ध, न कृष्ण, न क्राइस्ट, कोई झोला टांगे हुए दिखाई नहीं पड़े। यह सदा एक झोला अपने कंधे पर टांगे रखता था। और झोले में होती थीं मिठाइयां, खिलौने, फुलझड़ी, पटाखे, बच्चों के सामान। यह आदमी बड़ा अदभुत रहा होगा।

संतों के सामने हम सब बच्चों से ज्यादा नहीं हैं। और हमारी सारी जीवन-व्यवस्था बचकानी है। खिलौनों से ही हम खेलते हैं बूढ़े होकर भी। खिलौनों का थोड़ा रंग-रोगन बदल जाता है। छोटे बच्चे गुड्डा-गुड्डी की शादी करते हैं। हम गुड्डा-गुड्डी की शादी नहीं करते, जीवित गुड्डा-गुड्डी की शादी करते हैं, बेटा-बेटी। लेकिन कभी छोटे बच्चों को शादी करते देखा हो, तो जैसी उत्तेजना और एक्साइटमेंट और जैसा आनंद और अहोभाव उन्हें मालूम पड़ता है, उससे कम हमें नहीं मालूम पड़ता। वही सब, जो छोटे बच्चे करते हैं, हम बड़े होकर करते हैं। विस्तार बड़ा हो जाता है, लेकिन बीज वही रहता है। और न केवल लड़के-लड़कियों की शादियां हम करते हैं, सीता-राम की भी शादी करते हैं। सीता बना लेते हैं, राम बना लेते हैं, जुलूस निकालते हैं, रामलीला करते हैं। उसमें बड़े-बूढ़े भी वैसे ही सम्मिलित होते हैं। बारात जाती है। और उसमें वैसे ही हम रस लेते हैं, जैसा छोटे बच्चे ले रहे हैं। बच्चे का खिलौना टूट जाए तो उसे पीड़ा होती है, तुम्हारे मंदिर की मूर्ति फूट जाए तो तुम्हें पीड़ा होती है। बच्चे को हम कहते हैं, तू बचकाना है, नासमझ है, खिलौना ही टूटा है, किसी की जान तो नहीं निकल गई! लेकिन तुम्हारी मूर्ति खिलौने से ज्यादा कहां है?

तुम कहोगे, लेकिन हमने इस मूर्ति में प्रतिष्ठा की है भगवान की। उस बच्चे ने भी अपने खिलौने में किसी की प्रतिष्ठा की है। अगर प्रतिष्ठा का ही सवाल हो तो बच्चे की प्रतिष्ठा तुमसे ज्यादा गहरी होगी, क्योंकि वह भोला है। तुम तो चालाक हो। तुम मूर्ति को खरीदकर ले आए हो और तुमने पंडित-पुजारियों को बिठाकर, बैंड-बाजा बजाकर घोषणा कर दी कि भगवान की प्रतिष्ठा हो गई। बाकी तुम गहरे में जानते हो कि भगवान अपने ही खरीदे हुए हैं, बेहतर भी खरीदे जा सकते थे, जरा पैसे की कमी थी। सस्ता तुम खरीद लाए हो, खरीदते

वक्त तुमने पूरा मोल-भाव किया है। और तुम यह भी जानते हो कि जिन पंडे-पुजारियों ने यह शोरगुल मचाया हुआ है, वे भी खरीदे हुए नौकर थे। न उनका भाव था, न तुम्हारा भाव था, सब धन का खेल था। भगवान खड़े हो गए हैं। अब तुम उन्हीं के सामने सिर झुकाए खड़े हो, प्रार्थना कर रहे हो कि हे पतितपावन!

बचपन अदभुत है। छोटे बच्चे की बात में तो थोड़ी सरलता भी है, क्योंकि उसका भाव गहरा है, खिलौना उसे जीवित हो गया है। लेकिन तुम्हारा परमात्मा तुम्हें जीवित नहीं हुआ है। फिर भी उसका हाथ टूट जाए, पैर टूट जाए, कोई दुश्मन आकर मूर्ति को तोड़ जाए, तो हत्याएं हो जाएंगी। कोई मुसलमान मूर्ति को तोड़ दे कि कोई हिंदू मस्जिद में आग लगा दे, कि सैकड़ों की हत्याएं हो जाएंगी, खून-खराबा हो जाएगा, छुरे निकल आएंगे।

आदमी बचकाना है। होतेई के झोले में पड़े हुए खिलौने तुम्हारे बच्चे होने की खबर है। होतेई यह कह रहा है कि तुम्हें और देने को है भी क्या, तुम कुछ और लेने को राजी भी नहीं हो। या तो खिलौने, फुलझड़ी, पटाखे या मिठाइयां—बस यही तुम्हारा रस है।

होतेई तुम्हें परमात्मा भी दे सकता है। उसके झोले में वह भी है। पर तुम उसे मांगोगे नहीं, तुम उसे चाहते भी नहीं हो। और जो तुमने मांगा ही नहीं, चाहा नहीं, वह तुम्हें दिया भी नहीं जा सकता। तुम चीजें ही अजीब मांगते हो। होतेई का झोला तुम्हारे मन की खबर है। अन्यथा होतेई उस बोझ को न ढोता।

मेरे पास लोग आते हैं, मैं कभी हैरान होता हूं उनकी बातें सुनकर। कोई आ जाता है कि उसे नौकरी नहीं मिल रही, कोई आ जाता है कि बीमारी दूर नहीं हो रही, कोई आ जाता है कि पति-पत्नी में बन नहीं रही।

कब पति-पत्नी में बनी है? कब कौन पूरा स्वस्थ हुआ है कि संतुष्ट हो जाए? और कब कौन-सी नौकरी ऐसी लगी है कि मिल गई जो चाहिए थी?

तुम जो मांगते हो, उसका उत्तर है होतेई के झोले में। होतेई गुजरता है एक गांव से दूसरे गांव, और बांटता जाता है चीजें लोगों को। छोटे बच्चे उसे घेर लेते हैं, वह मिठाइयां बांट देता है, खिलौने बांट देता है।

चलते ही रहना और बांटते ही जाना, संतत्व का आधार है।

इसमें थोड़ा समझ लें। जो रुकेगा, वह बांटने से डरेगा। जो चलता ही रहेगा, वही बांट सकता है। क्योंकि रुकने वाले को अपने चारों तरफ परिग्रह जमाना पड़ता है। जमाना ही पड़ेगा, नहीं तो रुकेगा कहां? घर बनाना हो, घर बसाना हो, तो चीजें आप बांट नहीं सकते, बचानी पड़ेंगी। सिर्फ खानाबदोश ही बांट सकता है।

इसलिए आप देखते हैं, खानाबदोश कौमें हैं, कबीले हैं, हब्शी हैं, बलूची हैं, कभी धनी नहीं हो सकते। कोई हब्शी धनी नहीं हो सकता, कोई उपाय नहीं है। कोई बलूची लाख कोशिश करे, तो भी फोर्ड नहीं हो सकता। कैसे होगा? फोर्ड होने के लिए रुकना जरूरी है। बलूची चलता ही रहता है। जो चलता ही रहता है, वह उतना ही ले चल सकता है, जितना अपने कंधे पर ढो सके, उससे ज्यादा नहीं।

यह जो उर्दू का शब्द है खानाबदोश, यह बड़ा प्यारा शब्द है। इसका मतलब है, जिसका घर अपने कंधे पर है। खाना का मतलब घर और बदोश का मतलब कंधे पर—जिसका घर

अपने कंधे पर है। अब घर कंधे पर बनाना हो, तो कोई बहुत बड़ा महल नहीं बना सकते। होतेई का झोला रह जाएगा। और उस झोले में भी चीजें दूसरों के लिए होंगी, बांटने के लिए होंगी।

जो बहेगा, वह बांटेगा भी, यह दोनों का जोड़ है। जो रुकेगा, वह संगृहीत करेगा।

जैनों और बौद्धों ने संन्यासियों को आश्रम में रहने की इसीलिए मनाही कर दी। जैनों और बौद्धों ने आश्रम नहीं बनाए। क्योंकि हिंदू आश्रम जिस हालत में पहुंच गया उससे साफ हो गई बात कि अगर आश्रम बनता है, तो परिग्रह इकट्ठा हो जाएगा। इसलिए जैन और बौद्ध दोनों ने संन्यासियों को कह दिया कि वे चलते ही रहें, परिव्राजक हों।

दोनों के फायदे और हानियां हैं। यह बात तो समझ में आती है कि साधु चलता ही रहे। चलता रहे, तो उसके पास इकट्ठा नहीं होगा, संग्रह नहीं होगा। लेकिन इसका नुकसान था, वह जैनों और बौद्धों को समझ लेना पड़ा। नुकसान यह था कि अगर साधु चलता ही रहे साधना के क्षण में...। होतेई तो सिद्ध है, तो सिद्ध रुके कि चलता रहे, चलता ही रहता है, कोई फर्क नहीं पड़ता। सिद्ध रुके तो भी रुकता नहीं, क्योंकि उसके भीतर तो बहाव होता ही रहता है, चलता भी रहे, तो भी कोई फर्क नहीं पड़ता। लेकिन साधक अगर चलता ही रहे तो सिद्ध कभी हो ही नहीं पाता। क्योंकि चलते रहने का उपद्रव इतना ज्यादा है कि बैठने की उसे सुविधा नहीं मिल पाती। और ध्यान के लिए बैठना उतना ही जरूरी है, जितना चलते रहना। और सिद्ध का अर्थ है, जो चलते हुए भी बैठा हुआ है, जो बैठे हुए भी चल रहा है, जिसने विपरीत को जोड़ लिया।

तो जैनों और बौद्धों से ध्यान बिलकुल खो गया, योग बिलकुल खो गया। आश्रम तो नहीं बने, परिग्रह भी नहीं बना, लेकिन आश्रम की छाया में जो ध्यान गहरा हो सकता था, कहीं बैठकर निश्चिंत भाव से जो अपने में डूब सकते थे, वह मौका नहीं मिला। इसलिए जैन साधु की जीवनचर्या जो है, सुबह से शाम तक बड़ी व्यवसायगत है। सुबह से शाम तक काम ही काम है, उसमें विश्राम का उपाय नहीं है। उसमें बैठने की सुविधा नहीं है। और विश्राम का मौका आए, इसके पहले गांव छोड़ देना है, फिर चल पड़ना है। तो एक फायदा हुआ कि जैन और बौद्ध साधु परिग्रही नहीं हुआ, लेकिन एक नुकसान हुआ कि ध्यानी नहीं हो पाया।

हिंदुओं ने इसीलिए आश्रम बनाए थे ताकि लोग ध्यान को उपलब्ध हो जाएं। और जब ध्यान उपलब्ध हो जाए, तो सिद्ध को फिर कोई सवाल नहीं है, वह चले कि रुके, जैसा उसको सहज हो।

होतेई चलता ही रहता है और बांटता ही जाता है, जो भी उसके झोले में है। लेकिन बच्चे ही उसके आसपास इकट्ठे होते हैं। इसका आप यह मतलब मत समझना कि छोटे बच्चे ही इकट्ठे होते हैं, बच्चे ही हैं—दो तरह की उम्र के, छोटे और बड़े। कोई पांच साल के बच्चे हैं, कोई पचास साल के बच्चे हैं। होतेई जहां भी जाता है, गांव में बच्चे उसे घेर लेते हैं। वह अपने झोले से मिठाइयां उन्हें बांट देता है। वह परमात्मा भी झोले में लाया है, लेकिन कोई मांगने वाला आता नहीं। और जो भी उसके पास आता है, वह कहता है, एक पैसा दे दो।

एक पैसा छोटी से छोटी इकाई है। उससे ज्यादा वह किसी से मांगता नहीं है। कभी जीवनभर उसने इससे ज्यादा नहीं मांगा। एक पैसा वह मांगता है, छोटी से छोटी इकाई, कई कारणों से। एक पैसा भी देना तुम्हें बहुत कष्टपूर्ण है। देना ही कष्टपूर्ण है। लेने में सुख

मालूम पड़ता है, देने में कष्ट मालूम पड़ता है। जब कि सचाई बिलकुल उलटी है। देने में जैसा सुख है, वैसा लेने में कभी भी नहीं है। और जब भी तुमने दिया है, तो तुमने सुख पाया है। और जब भी तुमने लिया है, तभी तुम सुख से वंचित रह गए हो।

यहां समझ लेने जैसा है कि होतेई तुमसे एक पैसा मांगता है, शायद तुमको लगता होगा, इसे एक पैसे की जरूरत है, तुम गलत समझे। यह एक पैसा तुमसे मांगता है, ताकि तुम्हें थोड़ा सुख उपलब्ध हो सके, जो कि देने से ही उपलब्ध होता है।

एक बार ऐसा हुआ, एक फकीर के पास एक धनपति आया। वह पांच हजार स्वर्ण-मुद्राएं भेंट करने लाया। उसने स्वर्ण-मुद्राओं का झोला फकीर के द्वार पर जोर से पटका, झन-झन के साथ स्वर्ण-मुद्राएं बजीं। वह आकस्मिक नहीं था पटकना, हालांकि उसने ऐसा ही समझा कि आकस्मिक आवाज हुई है।

मन हमारा बड़ा चालाक है। पत्नी सोचती है कि आकस्मिक रूप से उसके हाथ से बर्तन गिर गया है। आकस्मिक नहीं गिर गया है। आज पति से नाराज है। वह भी समझती है कि यह आकस्मिक गिर रहा है, पति भी समझता है। लेकिन यह आकस्मिक नहीं गिर रहा है। जिस दिन पति और पत्नी में नहीं बनती, उस दिन छह गुने ज्यादा बर्तन गिरते हैं, छह गुनी ज्यादा चीजें टूटती हैं, घर में छह गुनी ज्यादा आवाज होती है। हर बार दरवाजा बंद होता है तो आवाज आती है, हर चीज रखी जाती है तो आवाज आती है। पत्नी, शायद आप पूछें, तो वह यही कहेगी कि दरवाजा जोर से लगा क्योंकि हवा तेज थी। हवा कल भी तेज थी, परसों भी तेज थी, हवा आगे भी तेज रहेगी, हवा की तेजी से दरवाजे में आवाज नहीं आती। भीतर कहीं क्रोध है, वह सब तरफ से निकल रहा है।

उस धनपति ने रुपए पटके तो उसने नहीं सोचा होगा कि मैं जानकर पटक रहा हूं। लेकिन जब भी कोई देता है, तो घोषणा करता है।

हमें मजा देने में नहीं है, दिया, इस अहंकार के अर्जित करने में है।

लेकिन फकीर ने कुछ गौर न किया। उस धनपति ने कहा कि पांच हजार स्वर्ण-मुद्राएं लाया हूं भेंट करने। फकीर ने कहा कि ठीक है, रख जाओ। कोई ज्यादा रस न लिया। धनपति ने सोचा कि शायद फकीर समझा नहीं। पांच हजार स्वर्ण-मुद्राएं! कभी गिनी भी न होंगी, देखी भी न होंगी—मन में सोचा।

उसने कहा कि पांच हजार, सुना आपने ठीक से? फकीर ने कहा कि दुबारा दोहराने की जरूरत नहीं, मेरे कान अभी बिलकुल ठीक हैं, सुन लिया। धनपति बड़ा बेचैनी में पड़ा कि धन्यवाद तक नहीं। तो धनपति ने कहा कि भला मैं कितना ही अमीर हूं, पांच हजार स्वर्ण-मुद्राएं मेरे लिए भी ज्यादा हैं। उस फकीर ने कहा कि मतलब की बात कहो, धन्यवाद चाहते हो? लंबी चर्चा क्यों बढ़ाते हो? क्या तुम्हारी इच्छा है कि मैं धन्यवाद दूं? अगर देने में ही तुम्हें आनंद नहीं आया, तो मेरे धन्यवाद से कैसे आएगा? तुम चूक ही गए आनंद का क्षण तो। वह देने में था।

होतेई तुमसे एक पैसा मांगता, अगर तुम उसे रास्ते पर मिल जाते। तुम भी यही सोचते कि एक पैसा लेने के लिए, इसे एक पैसे की जरूरत है, इसलिए मांग रहा है। होतेई तुम्हें सिर्फ सुख की थोड़ी-सी सुगंध देना चाहता था।

अगर बुद्धों ने भिक्षा मांगी है तुम्हारे द्वार पर, तो तुम्हें देने का थोड़ा-सा रस लेने के लिए।

उस फकीर ने उस धनपति से कहा, अगर बात ही तू मतलब की समझना चाहता हो, तो धन्यवाद तू मुझे दे। क्योंकि मैंने तुझे मौका दिया है कि तू देने का आनंद ले सके। धन्यवाद तू मुझे दे, अगर बात ही तुझे ढंग की करनी है तो। मुझसे धन्यवाद मांगने का तो कोई सवाल ही नहीं है।

तो होतेई एक पैसा मांगता। और अगर कोई पूछता, कभी कोई साधु, संन्यासी, कोई खोजी मिल जाता और पूछता कि झेन क्या है? ध्यान क्या है? धर्म का रहस्य क्या है? तो भी वह कहता, एक पैसा दे दो। वह कहता कि देना ही ध्यान का रहस्य है। और तुम देने में समर्थ हो जाओ, तो तुम ध्यान में समर्थ हो जाओगे।

जितना ही हम लेना और लेने में रस लेते हैं, उतना ही चित्त विचारों से भरता जाता है। इसलिए धनपति रात सो नहीं पाता, सो नहीं सकता। क्योंकि जितना ही लेने की वासना बढ़ती है, उतना ही विचारों का चक्र भीतर चलने लगता है। थोड़ा सोचो। विचार की आकांक्षा लेने की आकांक्षा है, सब मिल जाए। कैसे सब मिल जाए, इसकी योजना करता है।

एक मनोवैज्ञानिक ने एक रुग्णचित्त व्यक्ति को कहा, नींद नहीं आती है तो तू ऐसा कर कि रात को भेड़ें गिन। कोई भी चीज गिनने से मन ऊब जाता है, नींद आ जाती है। तो मनोवैज्ञानिक कहते हैं, एक से सौ तक गिनती करो, फिर सौ से वापस लौटो, निन्यानबे, अट्ठानबे, सत्तानबे, फिर एक तक। ऐसा करते रहो, करते रहो, चढ़ो सीढ़ी, उतरो, थोड़ी-बहुत देर में सो जाओगे। तो उस आदमी से कहा, तू ऐसा कर एक से गिनती करना शुरू कर, एक भेड़, दो भेड़...। वह भेड़ का धंधा करता था, ऊन का धंधा करता था, तो वह आसान पड़ेगा।

सात दिन बाद वह आदमी आया, उसकी हालत तो बड़ी खराब हो गई थी। पहले आया था, तब से शरीर से न मालूम कितना वजन कम हो गया था, आंखें बिलकुल गड्ढों में समा गई थीं, जैसे सात दिन सोया ही न हो।

मनोवैज्ञानिक ने कहा, यह क्या हुआ? तरकीब काम नहीं की? उसने कहा, तरकीब जरूरत से ज्यादा काम कर रही है, मैं मुसीबत में पड़ गया हूं। गिनती मैंने शुरू की, तो पूरी रात गिनता ही रहा, कोई तीन लाख भेड़ें, रुके ही न मन, कि थोड़ा और गिन लो। और फिर इतना रस आ गया। फिर उन भेड़ों का ऊन काटना, फिर उसे बाजार में ले जाकर बेचना, फिर इतने धन की उपलब्धि। इन सात दिन से सो नहीं पाया, अच्छी मुसीबत खड़ी कर दी। पहले मैं थोड़ा सो भी जाता था।

वह जो हमारा मन है, मिलता हो तो बिलकुल पागल हो जाता है। तत्क्षण हिसाब बांधने लगता है। जो नहीं मिला है, वह मिलने पर क्या करेंगे, क्या न करेंगे। लोग मेरे पास आते हैं, वे कहते हैं, मन की शांति चाहिए। मन की शांति तब तक नहीं हो सकती, जब तक लेने में रस कम न हो जाए।

अगर ठीक से समझो, तो लोभ मन है और अलोभ ध्यान है। जितना बड़ा लोभ, उतना मन हिसाब लगाता है, उतनी विचारों की तरंगें इकट्ठी होती जाती हैं, उतना ही तुम भीतर विक्षिप्त होने लगते हो। जितना अलोभ, उतना मन को काम नहीं रह जाता करने को। मन को काम तुम देते हो और फिर कहते हो, शांत रहो। मन तो कंप्यूटर है, वह काम में लग जाता

है। तुम कहते हो करोड़ कमाने हैं, वह करोड़ के काम में लग जाता है। तुम उसे कहो कमाना ही नहीं है, सब बांट देना है, मन का काम खतम हुआ, वह विश्राम को चला जाता है। इसलिए शास्त्रों ने लोभ से बड़ा पाप नहीं कहा है और दान से बड़ा पुण्य नहीं कहा है। मतलब ठीक से समझ लें, क्योंकि दानी चित्त ध्यानी हो जाएगा।

इसलिए जो कोई पूछता है, ध्यान का क्या अर्थ? होतेई कहता है, एक पैसा दे दो! देना ध्यान का अर्थ है। और जिस दिन तुम सब देने को तैयार हो जाओगे, उस दिन तुम्हें पाने को कुछ भी न बचेगा, सब मिल जाएगा।

एक युवक एक अंधेरी रात में जीसस के पास आया। उस युवक का नाम था निकोडेमस। वह उस इलाके का—जहां जीसस थे उस रात—सबसे बड़ा धनपति था। रात अंधेरे में उसने जीसस को जगाया और कहा कि दिन में मैं जरा आने से डरता हूं, क्योंकि मेरी प्रतिष्ठा है। और तुम्हारे नाम के साथ मेरा नाम जुड़े, इससे नुकसान हो सकता है।

क्योंकि जीसस तो एक आवारा संन्यासी थे। कभी शराबियों के साथ भी रुक जाते, कभी वेश्याओं के घर में भी ठहर जाते। तो कोई प्रतिष्ठा तो थी नहीं, रिस्पेक्टिबिलिटी तो जीसस की थी नहीं। तो कोई भी आदमी जो प्रतिष्ठित है, डरता था। इसलिए रात आया।

जीसस ने कहा, क्या चाहते हो मुझसे?

निकोडेमस ने कहा, बस इतना ही पूछने आया हूं कि शांति कैसे हो? आनंद कैसे मिले? और देखो मैं चरित्रवान हूं, अपनी पत्नी के सिवाय किसी और स्त्री पर नजर नहीं डालता। जो भी धर्म में कहा है, नियम से पूरा करता हूं। जिस दिन मंदिर जाना है, मंदिर जाता हूं। जो भी परंपरागत धर्म है, वह मैं पूरा करता हूं। दान, जितना धर्म में कहा है, उतना नियम से देता हूं। उपवास जब करने हैं, तब उपवास करता हूं। धर्मग्रंथ जब पढ़ना है, तब धर्मग्रंथ पढ़ता हूं। मेरे शील में, चरित्र में, कोई भी कमी नहीं है। न शराब पीता हूं, न धूम्रपान करता हूं, न जुआ खेलता हूं, रात भी जल्दी बिस्तर पर जाता हूं, सुबह ब्रह्म-मुहूर्त में बिस्तर से उठता हूं। कोई कमी नहीं है। फिर भी आनंद नहीं है।

जीसस ने कहा, इस सबसे कुछ भी न होगा, तू एक काम कर—जो भी तेरे पास है, तू दान कर आ और लौट आ।

निकोडेमस ने कहा, यह जरा मुश्किल है।

चरित्रवान है, लेकिन यह जरा मुश्किल है। शराब नहीं पीता है, सिगरेट नहीं पीता है, लेकिन यह जरा मुश्किल है।

तो जीसस ने कहा, इस चरित्र का कोई भी मूल्य नहीं। तेरे पास इतना है कि तू दो-चार कौड़ी दान करके सोचता है, दानी हो गया! और तेरे पास इतना है समय कि तू या तो ताश खेलने में बिताता है या शतरंज खेलने में बिताता है। तो तू मंदिर हो आता है, तो तू समझता है, धार्मिक हो गया! समय तेरे पासं बहुत, धन तेरे पास बहुत, सुविधा तेरे पास बहुत, तो तेरा धर्म सिर्फ सुविधा है, और कुछ भी नहीं। तू सब छोड़कर आ।

निकोडेमस ने कहा कि तो फिर मैं जाऊं, यह मुझसे न हो सकेगा।

छोड़ना भर चित्त से नहीं हो सकता। पकड़ना हो सकता है। चित्त पकड़ने की प्रक्रिया है, क्लिगिंग।

होतेई का कहना कि एक पैसा दे दो, ध्यान का सार है। सवाल एक पैसे का नहीं है, सवाल साम्राज्य का नहीं है। सवाल देने में आनंद और उत्सव अनुभव करने का है, देने में अहोभाग अनुभव करने का है। कुछ भी देने को पास न हो, तो भी देने की भावदशा!

कुछ मिलने को न हो, तो भी लेने की भावदशा बनी रहती है, इसका थोड़ा स्मरण रखो, तो होतेई का सार समझ में आ जाएगा।

होतेई निश्चित ही सिद्ध पुरुष है—सदा बहता चलता, सदा बांटता, सदा दूसरों को देने के सुख की सुगंध का अवसर देता।

और फिर जब किसी संत ने उससे पूछा कि पूरा रहस्य, पूरा राज उस सिद्धि का, जो धर्म से मिलती है? तो उसने अपना झोला नीचे पटक दिया। पूछा पूछने वाले ने, बस इतना ही या और कुछ? तो उसने अपना झोला वापस अपने कंधे पर उठा लिया और चल पड़ा।

इसे थोड़ा समझ लें। यह बहुत इंगित महत्वपूर्ण है।

एक झेन वचन है: साधना के पहले नदियां नदियां हैं, पहाड़ पहाड़ हैं। साधना के मध्य में, न तो नदियां नदियां रह जाती हैं, न पहाड़ पहाड़। साधना के अंत में, फिर नदियां नदियां हो जाती हैं, पहाड़ पहाड़।

अजीब है। एकदम से खयाल में न आए कि क्या मतलब है। साधना के पहले और साधना के अंत में एक-सी स्थिति आ जाती है। तुम बदल जाते हो, लेकिन स्थिति एक-सी आ जाती है। साधना के मध्य में सब डांवाडोल हो जाता है। अभी तुम संसार में खड़े हो, तब तुम परमात्मा में खड़े हो जाओगे। लेकिन मध्य में, जब तुम दोनों के बीच में रहोगे, तब सब अस्तव्यस्त हो जाएगा। नदियां नदियां हैं अभी, फिर जब तुम परमात्मा में प्रतिष्ठित हो जाओगे, नदियां नदियां हो जाएंगी; पहाड़ पहाड़। लेकिन मध्य में सब खो जाएगा, नदियां नदियां न रहेंगी, पहाड़ पहाड़ न रहेंगे, सब अस्तव्यस्त हो जाएगा।

संसारी एक तरह से बसा हुआ है। संन्यासी भी पहुंच गया। साधक बड़ी मुश्किल में है। साधक की कठिनाई है, क्योंकि साधक पार कर रहा है बीच में मार्ग को। संसार से एक कदम उठा लिया, एक कदम संसार में रखा है, एक कदम परमात्मा की तलाश कर रहा है, वह मध्य में त्रिशंकु की भांति अटका हुआ है।

यह होतेई का झोले को पटक देना, इस बात की खबर है कि साधक का पहला चरण है संसार को गिरा देना। साधक का पहला चरण है सारे बोझ को गिरा देना, सारे मन को गिरा देना। वह जो झोला है, उतना ही था अकेला उसके पास, और कुछ बताने को था भी नहीं बेचारे को। तो उसने अपना पूरा झोला गिरा दिया है कि साधक का पहला काम पूरा गिरा देना है।

और सिद्ध का पूरा काम कि फिर झोले को वापस ले लेना है। लेकिन अब बोझ नहीं है। पहले बोझ था। साधक संसार के बाहर चला जाता है, सिद्ध वापस आ जाता है। सिद्ध फिर संसारी हो जाता है। लेकिन अब संसार में तो होता है, लेकिन संसार उसमें नहीं होता। पहले वह भी संसार में था और संसार भी उसमें था।

महावीर चले गए वन, बारह वर्ष मौन, भाषा छोड़ दी, क्योंकि भाषा समाज है। बोलते हैं, तो हम सदा दूसरे से बोलते हैं। अगर अकेले में भी आप बोलेंगे, तो दूसरे की कल्पना से बोलेंगे।

इसलिए जो भाषा बोलता रहेगा, वह समाज में रहेगा। इसलिए मौन, समाज के बाहर जाने की छलांग है। अगर आप बाजार में बैठे भी मौन हो जाएं, समाज मिट गया, क्योंकि समाज का अर्थ है भाषा। इसलिए जानवरों का कोई समाज नहीं है, क्योंकि भाषा नहीं है। कोई राज्य नहीं, कोई समाज नहीं, पुलिस, पुरोहित कोई भी नहीं, क्योंकि भाषा नहीं। आदमी का समाज है, क्योंकि भाषा है। वैज्ञानिक कहते हैं कि भाषा न हो, तो समाज खो जाए।

थोड़ी देर सोचें, चौबीस घंटे को भाषा न रहे दुनिया में। सब खो जाए। सब! कुछ भी बचाना असंभव है। चौबीस घंटे के लिए भाषा न हो, सब सभ्यता खो जाए, सब संस्कृति खो जाए, आप निकट जंगली जानवर हो जाएं। इसलिए सारी सभ्यता-संस्कृति भाषा में भरी है।

महावीर चले गए जंगल और पहला काम उन्होंने किया, मौन ले लिया। क्योंकि जब तक भाषा न कटे, तब तक समाज से बाहर जाना संभव नहीं। जंगल में जाना आसान है, लेकिन समाज पीछा करेगा, भाषा के साथ समाज चलता रहेगा। आदमी अकेला भी हो जाता है, तो अपने से बात करने लगता है। खुद से ही चर्चा करता है, खुद को दो हिस्सों में बांट लेता है, समाज बना लेता है वहां भी। और जारी हो जाती है बात।

महावीर मौन हो गए एकांत में, बारह वर्ष मौन रहे। और जब परम मौन उपलब्ध हुआ; जब जान लिया, जैसे होतेई ने झोला गिरा दिया, ऐसा जब समाज बिलकुल गिर गया, महावीर वापस लौट आए। अब समाज से कोई भी डर नहीं है। होतेई ने झोला फिर अपने कंधे पर वापस रख लिया और आगे चल पड़ा।

साधक को छोड़ना पड़ेगा समाज, सिद्ध वापस लौट आता है। साधक को हटाना पड़ता है बोझ, सिद्ध फिर बोझ को ले लेता है। साधक अगर बोझ को ढोता रहे, तो कभी सिद्ध न हो पाएगा। और सिद्ध अगर बोझ लेने से डरे, तो जानना कि अभी सिद्ध ही नहीं हुआ है। साधक की तकलीफ है बोझ में, क्योंकि बोझ उसे मिटाता है। सिद्ध की कोई तकलीफ नहीं है, क्योंकि बोझ उसे कोई बोझ नहीं है। सभी संत संसार में वापस लौट आते हैं। एक दिन बाहर जाते हैं, एक दिन वापस लौट आते हैं। सिद्धत्व के दो चरण हुए, झोले को गिराना और झोले को वापस उठा लेना।

यह होतेई बड़े सूक्ष्म संकेतों में सारी बात कह रहा है। लेकिन होतेई आपको रास्ते पर मिल जाए, तो आप पहचान न सकेंगे। क्योंकि खिलौनों में उलझा है, आपको लगेगा। हालांकि वह खिलौनों में आपकी वजह से उलझा है। और उलझा नहीं है, उसका इंगित है कि तुम सब बच्चे हो, मिठाइयां चाहते हो, खेल-खिलौने चाहते हो, फुलझड़ी-पटाखे चाहते हो। आपको लगेगा, एक-एक पैसा मांगता है, अभी भी भीख जारी है इसकी, मांगना जारी है। गलती हो जाएगी, वह तुम्हें देना सिखाता है।

बुद्ध ने भीख मांगी और इस पृथ्वी के हिस्से पर, भारत में, एक अनूठी घटना घटी, जो दुनिया में कहीं भी नहीं घटी। भिखारी को इतना बड़ा सम्मान जितना हमने दिया है, संसार में कभी किसी ने नहीं दिया।

भिखारी सब जगह निंदित है। तुम भी, रास्ते पर अगर भिखारी मांगता है, तो निंदा करते हो। तुम भी बड़े रेशनालाइजेशंस खोजते हो कि भिखमंगे बढ़ रहे हैं, इससे तो सब समाज नष्ट हो जाएगा; और भिखमंगे को देना भिखमंगेपन को बढ़ाना है। हालांकि यह सच नहीं

है। यह तुम्हारी दलील सिर्फ तुम्हें देने से रोकने की दलील है। तुम्हें प्रयोजन भिखारी के बढ़ने से नहीं है। और अगर तुम देते भी हो कभी, तो मजबूरी में देते हो, भिखारी को टालने को देते हो, या अहंकारवश देते हो, ताकि चार लोग देख लें कि तुमने दिया।

भिखारी भी बड़े कुशल हैं, अकेले आप जा रहे हो, तो पीछा न करेंगे; चार आदमियों के साथ जा रहे हो, पैर पकड़ लेंगे। भिखारी भी जानते हैं कि उनको कोई नहीं देता, वह जो चार आदमी देख रहे हैं, उनको देखकर लोग देते हैं कि अब दे ही दो दो पैसे। ये चार आदमी क्या सोचेंगे कि कैसा कृपण है, दो पैसे न दे पाया! भिखारी को तुम टालते हो, इसलिए नहीं कि तुम चाहते हो कि भिखारी भिखारी न रहे, क्योंकि तुम्हारी पूरी जीवन-व्यवस्था हजारों को भिखारी बना रही है। भिखारी तो तुम पैदा कर रहे हो। लेकिन देने से मन कतराता है, डरता है, भयभीत होता है। एक पैसा देने से भी घबराता है। देने का नाम सुनते ही भीतर कोई मृत्यु जैसी घटने लगती है।

लेकिन भारत ने एक अनूठा प्रयोग किया। बुद्ध ने तो अपने संन्यासियों को भिक्षु का नाम ही दिया। हिंदू अपने संन्यासी को स्वामी कहते हैं। जैन अपने संन्यासी को मुनि कहते हैं। उनके अपने प्रयोजन हैं। मुनि, जो मौन हो गया है या जिसने मौन की प्रतिज्ञा ली या मौन होने की तैयारी की। स्वामी, जो अपना मालिक हो गया और जिसने इंद्रियों की गुलामी छोड़ दी। लेकिन बुद्ध ने अपने भिक्षुओं को, अपने संन्यासियों को भिक्षु कहा, भिखारी कहा।

सोचने जैसा है। बुद्ध का विचार भी बड़ा कीमती है। बुद्ध ने कहा कि तुम मांगने वाले हो जाओ, ताकि तुम्हारे द्वारा प्रत्येक व्यक्ति देना सीख सके। और जब बुद्ध खुद भीख मांगते थे, तो तुम सोच सकते हो, द्वार पर तुम्हारे बुद्ध आकर खड़े हुए हों और भीख मांग रहे हों, अगर तुम्हारे पास थोड़ी भी समझ होती, तो वही क्षण तुम्हारे लिए महान ध्यान का क्षण हो जाए। बुद्ध को देते वक्त भी अगर तुम्हारा हृदय देने से न भरा; तब भी तुम बचाते रहे, सोचते रहे, कैसे टालो इस आदमी को, कुछ दे-दिवाकर निपटारा करो, अब आ ही गया है द्वार पर; अगर तुम बुद्ध को भी सामने पाकर देने से बच गए, तो कब तुम्हारे जीवन में दान का और ध्यान का क्षण आएगा? भिक्षु को हमने परमपद दिया।

एक गांव में बुद्ध का आना हुआ, और उस गांव के सम्राट ने अपने महामंत्री को पूछा कि क्या यह उचित होगा कि मैं स्वागत करने जाऊं गांव के बाहर? उस मंत्री ने सम्राट की तरफ देखा और कहा कि मेरा इस्तीफा स्वीकार कर लें।

वह बूढ़ा आदमी था, अनुभवी था, जरूरी था राज्य के लिए, वही राज्य चला रहा था। सम्राट ने कहा, यह क्या बात है? मैं सिर्फ पूछ रहा हूं कि क्या मेरा जाना उचित होगा?

उस महामंत्री ने कहा, यह पूछना ही पर्याप्त है कि आपके पास बैठना उचित नहीं अब। बुद्ध गांव आते हों—माना कि वे भिखारी हैं—और सम्राट सोचता हो कि उनके स्वागत को जाऊं या न जाऊं, तो वह सम्राट धार्मिक नहीं है, वह सम्राट अज्ञानी है। बुद्ध भिक्षु हैं, कभी सम्राट थे; वही सब, जो तुम्हारे पास है, उसे वे छोड़ चुके हैं। और मूल्य उसका है, जो छोड़ा गया; मूल्य उसका नहीं है, जो पकड़ा गया। क्योंकि मूल्य उस चित्त का है, जो छोड़ता है। मूल्य उस चित्त का नहीं है, जो पकड़ता है। पकड़ने वाला चित्त तो जगत में सर्वाधिक साधारण चित्त है, सभी के पास है। छोड़ने वाला चित्त असाधारण चित्त है।

होतेई मांगता है; आपसे मांगता, तो आप सोचते कि भिखारी है। और भिखारी में तो भगवान को देखना बहुत कठिन है। और भिखारी में सिद्ध को देखना बहुत कठिन है। सम्राट में आपको सिद्ध दिखाई भी पड़ जाए, लेकिन भिखारी में सिद्ध को देखना बहुत कठिन है। और फिर होतेई का झोले को गिरा देना और वापस उठाकर रख लेना तो आपके संन्यास की पूरी धारणा को तोड़ देता है। हमने संन्यास की धारणा का अर्थ समझा है, संसार को छोड़ देना, बस इतना। होतेई कह रहा है, यह आधा है। संन्यास संसार का छोड़ना है, जरूर, और फिर संन्यास संसार में वापस लौट आना है, उतना ही जरूर।

सिद्धत्व उस दिन पूरा है, जिस दिन छोड़ा, छोड़े हुए में वापस रहने की कला भी आ गई। दूर हट गए और फिर पास भी आ गए, लेकिन अब संसार स्पर्श नहीं करता है।

प्रश्न :

भगवान श्री, ध्यान से संवेदनशीलता बढ़ती है।
लेकिन संवेदनशीलता बढ़ने पर जीना और मुश्किल हो जाता है।
क्योंकि मन की प्रतिक्रियाएं तीव्र तथा उत्कट होती हैं।
और बात-बात में जैसे पूरे प्राण दांव पर लग जाते हैं।
तो ऐसी स्थिति में संतुलन का मध्यबिंदु कैसे साधा जाए?

निश्चय ही, जैसे-जैसे ध्यान बढ़ेगा, संवेदनशीलता भी बढ़ेगी। संवेदनशीलता बढ़ने से समस्याएं भी बढ़ेंगी। क्योंकि संवेदनशीलता का अर्थ है, हर चीज, हर घटना उसकी पूरी त्वरा में, तीव्रता में अनुभव होगी। अगर कोई गाली देगा, तो उसकी चोट ध्यानी के भीतर जिस भांति गूंजेगी, वैसी गैर-ध्यानी के बीच नहीं गूंजेगी। अगर कांटा चुभेगा, तो उसकी चुभन का जैसा स्पष्ट बोध ध्यानी को होगा, वैसा गैर-ध्यानी को नहीं होगा। क्योंकि गैर-ध्यानी जीता है मूर्च्छा में, उसका होश धुंधला-धुंधला है। जितना होश धुंधला है, उतनी ही पीड़ा भी कम अनुभव होती है।

शायद पीड़ा कम अनुभव हो, इसीलिए हम होश को कम करके जीते हैं। अगर मनोवैज्ञानिक से पूछें, तो वह कहेगा कि हर बच्चे ने अपने बचपन में होश को कम करना सीख लिया।

सब बच्चे संवेदनशील पैदा होते हैं। फिर अपनी संवेदना को मारना शुरू करते हैं। क्योंकि संवेदना के साथ जीना अति कठिन है। संवेदना का बोथला हो जाना जरूरी है। बच्चे इसलिए, अगर छोटा-सा उनको क्रोध आ जाए, बिलकुल पागल हो जाते हैं। उछलेंगे, कूदेंगे, पैर पटकेंगे, आग जलने लगेगी उनके पूरे व्यक्तित्व में। बात जरा-सी होगी। और हम टाल देते हैं कहकर कि बच्चे हैं, कोई बात नहीं। और हम समझाते हैं उनको कि थोड़ा संयम रखो, थोड़ा नियंत्रण रखो, ऐसा कर देना ठीक नहीं है।

मैं एक मित्र के घर मेहमान था। उनकी गाड़ी में किसी को मिलने गया। उनका छोटा

बच्चा भी उनके साथ था। वह ड्राइव कर रहे थे, उनका बच्चा उनके बगल में ही बैठा था। जिनके घर मिलने हम गए थे, उतरकर मिलने चले गए, वह बच्चा गाड़ी में बैठा रहा। लौटकर हम आए, तो बच्चा अपनी गाड़ी में बैठा हुआ था। पर मुझे लगा कि कुछ अड़चन है, जैसे बच्चा कुछ सम्हाल रहा है! जैसे कुछ चीज फूट न पड़े, तो वह उसको रोक रहा है। उसके चेहरे पर, उसके हाथ, उसके पैर में।

जैसे ही घर लौटे, गाड़ी से उतरकर वह इतने जोर से चीखा और रोया, तो मैंने पूछा कि मामला क्या है?

तो उसने कहा, जब आप सब लोग भीतर चले गए थे, तब मुझे झपकी आ गई और मेरा सिर स्टीयरिंग-व्हील से लग गया जोर से, बहुत मुझे दर्द हो रहा है। लेकिन पिताजी ने कहा है कि घर के बाहर कोई आवाज या रोना अगर किया, तो दोबारा कभी साथ नहीं ले जाएंगे। तो इसलिए मैं सम्हाले रहा।

वह कोई घंटेभर पहले की बात है। घर आते ही से उसने रोना-धोना और चीखना-चिल्लाना शुरू किया। चोट घंटेभर पहले लगी है, पर उसने सम्हाल ली।

बच्चों को हम सिखा रहे हैं कि सम्हालो, जरूरी है। जितना हम चोटों को सम्हालते हैं, उतनी हमारी संवेदनशीलता बोथली होती जाती है। फिर हम तरकीबें सीख लेते हैं, जिससे पीड़ा का ज्यादा अनुभव न हो। क्योंकि पीड़ा बहुत है, अगर उसका अनुभव हो, तो जी न सकेंगे।

एक युवक खेल रहा है हाकी के मैदान में, पैर में चोट लग जाती है। खेलते वक्त तो पता नहीं चलता; खेल बंद हुआ, तब चलता है। क्योंकि खेलते वक्त उसका पूरा मन खेल की तरफ जा रहा था, पैर की तरफ नहीं जा रहा था, तो चोट पता नहीं चलती।

आपको भी जीवन में चौबीस घंटे चोटें लगती हैं, लेकिन आपका मन कहीं लगा रखते हैं आप—धंधे में, व्यवसाय में, काम में—व्यस्त हैं, कुछ पता नहीं चलता। धीरे-धीरे आपका व्यक्तित्व चारों तरफ से खोल में छिप जाता है। फिर जब आप ध्यान शुरू करेंगे, तो बचपन फिर से वापस लौटेगा, फिर संवेदनशीलता ताजी होगी। फिर प्रतीतियां गहरी होंगी। जो भी होगा, वह बहुत गहरे से होगा। इससे अड़चन खड़ी होती है।

इसलिए ध्यानी को बड़ी मुसीबत होती है और घर के लोगों को, उसके मित्र-परिजनों को और भी अड़चन होती है। क्योंकि उनकी समझ के बाहर होता है। वे तो सोचते हैं, ध्यान करने वाला ज्यादा शांत होगा। और ध्यान करने के पहले यह आदमी इतना क्रोधी नहीं था और अब ध्यान करके ज्यादा क्रोधी मालूम पड़ता है। वे तो सोचते हैं, ध्यान करने वाला आदमी बिलकुल मुर्दे की भांति हो जाएगा, चोट भी मारो उसको, तो वह बैठा हुआ देखता रहेगा।

यह सच है। यह घड़ी भी आती है, लेकिन यह ध्यान के शुरुआत में नहीं आती। यह तो ध्यान की परम निष्पत्ति है। ध्यान के शुरू में तो सब बांध टूट जाएंगे। ज्यादा क्रोध आएगा, ज्यादा लोभ मालूम पड़ेगा, हर चीज ज्यादा मालूम पड़ेगी। क्योंकि जो-जो चीज तुमने बचपन से रोक रखी है, उस सब की सीमा टूटेगी, वह सब बहना शुरू होगा। ज्यादा अशांति होगी। बीमारी होगी, तो ज्यादा बेचैनी मालूम पड़ेगी। खुशी होगी, तो बहुत उत्तेजना आ जाएगी। जरा-सी बात प्रसन्न कर देगी और नाचने की हालत मालूम होने लगेगी। और जरा सी बात उदास कर देगी, लगेगा मर जाएं। ध्यान की शुरुआत में ऐसा होगा।

साधक क्या करे? जब ऐसा हो, तो इसे अगर रोका, तो ध्यान के बढ़ने में बाधा पड़ेगी। क्योंकि यह ध्यान के बढ़ने का अनिवार्य हिस्सा है कि तुम प्रत्येक चीज को उसकी परिपूर्णता में अनुभव कर सको। दुख तो दुख, क्योंकि तभी तुम आनंद को भी उसकी परिपूर्णता में अनुभव कर पाओगे। और अगर तुम संसार को ही उसकी परिपूर्णता में अनुभव नहीं करते, तुम परमात्मा को उसकी परिपूर्णता में कैसे अनुभव करोगे? और अभी तो संसार चारों तरफ है, तो इसकी ही चोट पहले पड़ेगी।

तो पहली तो बात ध्यान रखें, संवेदनशीलता को मारना नहीं है। उसे गहन करना है, बढ़ाना है। लेकिन तब अड़चन होगी, उस अड़चन के कारण अपनी खोल को मजबूत मत करना। और अड़चन इतनी ज्यादा हो सकती है, उस हालत में क्या करना?

उस हालत में प्राथमिक चरण एक, कि जब भी ऐसा लगे कि कोई संवेदना बहुत तीव्र हो रही है, तब अपने कमरे को बंद करके अलग, चुपचाप, उस संवेदना को पूरी तरह निकल जाने देना। उसे दूसरों पर मत निकालना। क्योंकि दूसरों पर निकालने का अर्थ, एक लंबी श्रृंखला का पैदा करना है। अगर क्रोध आ गया है, तो बजाए उसे दूसरे पर निकालने के कमरे में एक तकिए को लेकर उस पर निकाल देना।

पहले तो बहुत अजीब लगेगा कि तकिए पर कैसे क्रोध निकालें। लेकिन यह मैं सैकड़ों प्रयोग के अनुभव से कहता हूं कि तकिए पर क्रोध उतने ही मजे से निकल जाता है, जितना पत्नी पर या पति पर। और तकिया प्रतिकार नहीं करता। और तकिए के साथ कर्म की कोई श्रृंखला नहीं बनती कि अगले जन्म में तकिया सताएगा, कि आज तकिए पर क्रोध किया तो वह शाम को बदला लेगा। तकिया परम सिद्ध है।

और महत्व इस बात का है कि क्रोध को रोकना मत, तकिए पर पूरी तरह टूट पड़ना। पहले दो-तीन हमले तो ऐसे लगेंगे, क्या मजाक कर रहा हूं! लेकिन दो-तीन बार तकिए पर चोट करके चौथी चोट आप पाएंगे सजीव हो गई। और भीतर से पूरा जोश आ गया। तकिए को मारना, बोलना, कूटना-पीटना, जो भी करना हो, कुछ भी रोकना मत। कुछ ही दिन में तुम कुशल हो जाओगे। और तुम हैरान हो जाओगे...। पश्चिम में मनोवैज्ञानिक इसका उपयोग कर रहे हैं।

जापान में एक बहुत बड़े अमीर उद्योगपति ने अपने कारखाने के बाहर अपनी प्रतिमा लगवा दी है। बहुत होशियार आदमी है, और उसको मनोवैज्ञानिकों ने सलाह दी कि अपने आफिस के सामने एक प्रतिमा बना दो। जिसको भी क्रोध आए...नौकरों को क्रोध स्वभावतः आता है, कोई कारण भी होना जरूरी नहीं, नौकर होना ही काफी क्रोध का कारण है। किसी की गुलामी करना, किसी की सेवा करना, किसी का नौकर होना, दुख का कारण है। कोई दस हजार लोग उसकी फैक्टरी में काम करते हैं। तो उसने मूर्ति सामने लगवा दी है और आज्ञा दे रखी है कि जिसको भी उस मूर्ति के साथ दुर्व्यवहार करना हो वह कर सकता है। अक्सर मजदूर, कभी मैनेजर, कभी कोई आकर मूर्ति की पिटाई करके वापस फैक्टरी में चले जाते हैं। इसके परिणाम बड़े महत्वपूर्ण हुए हैं। मालिक और नौकरों के बीच एक सौमनस्य पैदा हुआ है

ऐसा हम आमतौर से करते हैं। अभी भी हम करते हैं। रावण को हम अभी भी जला रहे हैं। रावण को जलाकर हमको जरूर कुछ न कुछ हल्कापन आता है। और जब पहली दफा

रावण को जलाया होगा, तब तो बहुत हल्कापन आया होगा। अभी भी जब हम क्रोध से भर जाते हैं, तो किसी का पुतला, इंदिरा का या भुट्टो का या किसी का पुतला लेकर जुलूस निकालकर, जूते मारकर जला देते हैं। हल्कापन आता है। मन हल्का हो जाता है, तृप्ति हो जाती है।

जिसको तुम सामूहिक रूप से करते हो, उसे व्यक्तिगत रूप से करना। अपने ही कमरे में, जिसको तुम ध्यान का कमरा बना लेना, वहां एक तकिया रख छोड़ो। अगर पति पर क्रोध है तो तकिए पर पहले पति को प्रतिष्ठापित कर लो, जैसे भक्त मूर्ति में भगवान को प्रतिष्ठापित करता है, फिर पूरे क्रोध को निकाल डालो। और जब तक क्रोध समाप्त न हो जाए, कमरे के बाहर मत आओ।

और तुम चकित होओगे कि अगर क्रोध पूरा निकल गया, बाहर आकर जब पत्नी पति को देखेगी, तो उसे बड़ी दया और बड़ी ममता और बड़ा प्रेम मालूम होगा, जैसे तूफान के बाद एक हल्की शांति आ जाती है।

अगर पैर में चोट लग जाए और पीड़ा हो, तो कमरे में चले जाओ और रो लो। छोटे बच्चे की तरह हल्के हो लो। पैर में कांटा गड़ा है, तो यह मत कहो कि मेरे जैसा मर्द कहीं रो सकता है! ऐसा कोई मर्द ही नहीं है दुनिया में, जो रो न सकता हो। और जो मर्द रो नहीं सकता, वह मर चुका है।

लेकिन समझाया गया है बचपन से हमें कि मर्द हो, रोना मत। इसलिए बड़ी हैरानी की बात है, सिर्फ स्त्रियां दुनिया में रोने में स्वतंत्र हैं, पुरुष नहीं। हालांकि दोनों की आंखों में आंसू की ग्रंथियां बराबर हैं। इसलिए प्रकृति ने कोई भेद नहीं किया आंसुओं में। नहीं तो पुरुष की आंखों में ग्रंथियां कम होतीं या बिलकुल न होतीं; प्रकृति भी चाहती है कि तुम भी रोओ। तुम्हारे मर्द होने से कोई फर्क नहीं पड़ता।

रोना एक अनूठा प्रयोग है। क्योंकि रोना तुम्हारे भीतर से न मालूम तुम्हारे कितने उभार और ज्वर को बाहर ले जाता है, निष्कासित कर देता है। इसलिए स्त्रियां हत्याएं नहीं करतीं, पुरुष करते हैं। क्योंकि स्त्रियां रोज रोकर अपने दुख को निकाल लेती हैं, पुरुष इकट्ठा करते चले जाते हैं। जब बहुत दुख इकट्ठा हो जाता है, तो उसका विस्फोट खतरनाक है। स्त्रियां कम पागल होती हैं। जो पुरुष रो सकता है, वह भी पागल नहीं होगा। जब तुम रो ही नहीं पाते, तो सब भीतर कुंद, इकट्ठा हो जाता है। और हजार आंसू जब इकट्ठे हो जाते हैं, तो जहर पैदा होता है।

तो मत सोचना कि मर्द हो, कि उम्र तुम्हारी बड़ी है, कि अब तो घर में नाती-पोते हैं, तुम कैसे रो सकते हो! इससे कोई फर्क नहीं पड़ता। नाती-पोते हैं तो तुम और भी आनंद से रो सकते हो। और जीवन के अनुभव ने अगर तुम्हें कुछ भी सिखाया हो, तो एक बात जरूर सीख लेना कि कुछ भीतर दबाना मत, उसे निकाल देना। और दूसरी बात उसे किसी व्यक्ति पर मत निकालना। क्योंकि उसे कष्ट देने का कोई भी कारण नहीं है। यह तो एकांत में ही निकाला जा सकता है। इसे मैं रेचन कहता हूं, कैथार्सिस कहता हूं। प्रत्येक ध्यानी को रेचन से गुजरना होगा। सिर्फ शांत हो जाना काफी नहीं है; अशांति के क्षण तुम्हारे भीतर दबे हैं, उनको भी निकालना है।

और जब एक घड़ी ऐसी आएगी कि तुम्हारे भीतर न क्रोध बचेगा निकलने को, न अशांति बचेगी निकलने को, तब तुम्हारा ध्यान सहज होगा। तब तुम्हें इस तकिए को जाकर गंगा में विसर्जित कर देना है। इसने बड़ा साथ दिया, इसको धन्यवाद देकर, इसका जुलूस निकालकर, इसको तिरोहित कर देना है। लेकिन तब तक इसकी जरूरत है।

संवेदना बढ़ेगी, अनुभव गहरे होंगे, दुख-सुख सभी बहुत गहरी चोट पहुंचाएंगे, हृदय तक तीर चला जाएगा। रोकोगे, ध्यान नहीं बढ़ेगा; दूसरों पर निकालोगे, अड़चन, उपद्रव, जाल पैदा होगा। एकांत में जाना और संवेदनाओं को उलीच डालना।

ध्यान के साथ रेचन अनिवार्य प्रक्रिया है। और जब रेचन पूर्ण हो चुका होगा, तभी तुम्हारा ध्यान शुद्धतम होगा। शुद्ध ध्यान समाधि है। ध्यान के साथ रेचन चलेगा। जब ध्यान समाधि बनेगी, तभी रेचन बंद हो सकता है।

सिद्ध का कोई रेचन नहीं है, क्योंकि वह कुछ इकट्ठा नहीं करता, लेकिन साधक के जीवन में रेचन अनिवार्य है।

आज इतना ही।

(मूल पुस्तक 'नहिं राम बिन ठांव' का ग्यारहवां प्रवचन)

ओशो का हिंदी साहित्य

उपनिषद
सर्वसार उपनिषद
कैवल्य उपनिषद
अध्यात्म उपनिषद
कठोपनिषद
ईशावास्य उपनिषद
निर्वाण उपनिषद
आत्म-पूजा उपनिषद
केनोपनिषद
मेरा स्वर्णिम भारत (विविध उपनिषद-सूत्र)

कृष्ण
गीता-दर्शन
(आठ भागों में अठारह अध्याय)
कृष्ण-स्मृति

महावीर
महावीर-वाणी (दो भागों में)
जिन-सूत्र (दो भागों में)
महावीर या महाविनाश
महावीर : मेरी दृष्टि में
ज्यों की त्यों धरि दीन्हीं चदरिया

बुद्ध
एस धम्मो सनंतनो (बारह भागों में)

अष्टावक्र
अष्टावक्र महागीता (छह भागों में)

लाओत्से
ताओ उपनिषद (छह भागों में)

कबीर
सुनो भई साधो
कहै कबीर दीवाना
कहै कबीर मैं पूरा पाया
न कानों सुना न आंखों देखा (कबीर व फरीद)

शांडिल्य
अथातो भक्ति जिज्ञासा (दो भागों में)

अन्य रहस्यदर्शी
नाम सुमिर मन बावरे (जगजीवन)
अरी, मैं तो नाम के रंग छकी (जगजीवन)
कानों सुनी सो झूठ सब (दरिया)
अमी झरत बिगसत कंवल (दरिया)
हरि बोलौ हरि बोल (सुंदरदास)
ज्योति से ज्योति जले (सुंदरदास)
अजहूं चेत गंवार (पलटू)
सपना यह संसार (पलटू)
काहे होत अधीर (पलटू)
जस पनिहार धरे सिर गागर (धरमदास)
का सोवै दिन रैन (धरमदास)
सबै सयाने एक मत (दादू)
पिव पिव लागी प्यास (दादू)
कन थोरे कांकर घने (मलूकदास)
रामदुवारे जो मरे (मलूकदास)
भक्ति-सूत्र (नारद)
शिव-सूत्र (शिव)
भजगोविन्दम् मूढ़मते (आदिशंकराचार्य)
एक ओंकार सतनाम (नानक)
जगत तरैया भोर की (दयाबाई)
बिन घन परत फुहार (सहजोबाई)
पद घुंघरू बांध (मीरा)
नहीं सांझ नहीं भोर (चरणदास)
संतो, मगन भया मन मेरा (रज्जब)
कहै वाजिद पुकार (वाजिद)
मरौ हे जोगी मरौ (गोरख)
सहज-योग (सरहपा-तिलोपा)
बिरहिनी मंदिर दियना बार (यारी)
प्रेम-रंग-रस ओढ़ चदरिया (दूलन)

दरिया कहै सब्द निरबाना
(दरियादास बिहारवाले) हंसा तो मोती चुगैं (लाल)
गुरु-परताप साध की संगति (भीखा)
मन ही पूजा मन ही धूप (रैदास)
झरत दसहुं दिस मोती (गुलाल)
जरथुस्त्र: नाचता-गाता मसीहा (जरथुस्त्र)

प्रश्नोत्तर

नहिं राम बिन ठांव
प्रेम-पंथ ऐसो कठिन
उत्सव आमार जाति, आनंद आमार गोत्र
मृत्योर्मा अमृतं गमय
प्रीतम छवि नैनन बसी
रहिमन धागा प्रेम का
उड़ियो पंख पसार
सुमिरन मेरा हरि करैं
पिय को खोजन मैं चली
साहेब मिल साहेब भये
जो बोलैं तो हरिकथा
बहुरि न ऐसा दांव
ज्यूं था त्यूं ठहराया
ज्यूं मछली बिन नीर
दीपक बारा नाम का
अनहद में बिसराम
लगन महूरत झूठ सब
सहज आसिकी नाहिं
पीवत रामरस लगी खुमारी
रामनाम जान्यो नहीं
सांच सांच सो सांच
आपुई गई हिराय
बहुतेरे हैं घाट
कोंपलें फिर फूट आईं
फिर पत्तों की पांजेब बजी
फिर अमरित की बूंद पड़ी
क्या सोवै तू बावरी
चल हंसा उस देस
कहा कहूं उस देस की
पंथ प्रेम को अटपटो
माटी कहै कुम्हार सूं
मैं धार्मिकता सिखाता हूं, धर्म नहीं

झेन, सूफी और उपनिषद की कहानियां

बिन बाती बिन तेल
सहज समाधि भली
दीया तले अंधेरा

तंत्र

संभोग से समाधि की ओर
तंत्र-सूत्र (पांच भागों में)

योग

पतंजलि: योग-सूत्र (पांच भागों में)
योग: नये आयाम

विचार-पत्र

क्रांति-बीज
पथ के प्रदीप

पत्र-संकलन

अंतर्वीणा
प्रेम की झील में अनुग्रह के फूल
पाथेय

बोध-कथा

मिट्टी के दीये

ध्यान, साधना

ध्यानयोग: प्रथम और अंतिम मुक्ति
नेति-नेति
चेति सकै तो चेति
हसिबा, खेलिबा, धरिबा ध्यानम्
समाधि कमल
साक्षी की साधना
धर्म साधना के सूत्र
मैं कौन हूं
समाधि के द्वार पर
अपने माहिं टटोल
ध्यान दर्शन
तृषा गई एक बूंद से
ध्यान के कमल

जीवन संगीत
जो घर बारे आपना
प्रेम दर्शन
साधना-शिविर
साधना-पथ
मैं मृत्यु सिखाता हूं
जिन खोजा तिन पाइयां
समाधि के सप्त द्वार (ब्लावट्स्की)
साधना-सूत्र (मेबिल कॉलिन्स)
ध्यान-सूत्र
जीवन ही है प्रभु
रोम-रोम रस पीजिए
राष्ट्रीय और सामाजिक समस्याएं
देख कबीरा रोया
स्वर्ण पाखी था जो कभी और
अब है भिखारी जगत का
शिक्षा में क्रांति
नये समाज की खोज
नये भारत की खोज
नये भारत का जन्म
नारी और क्रांति
शिक्षा और धर्म
भारत का भविष्य
विविध
अमृत-कण
मैं कहता आंखन देखी
एक एक कदम
जीवन क्रांति के सूत्र
जीवन रहस्य
करुणा और क्रांति
विज्ञान, धर्म और कला
शून्य के पार
प्रभु मंदिर के द्वार पर
तमसो मा ज्योतिर्गमय
प्रेम है द्वार प्रभु का
अंतर की खोज
अमृत की दिशा
अमृत वर्षा
अमृत द्वार
चित चकमक लागे नाहिं
एक नया द्वार
प्रेम गंगा
समुंद समाना बुंद में
सत्य की प्यास
शून्य समाधि
व्यस्त जीवन में ईश्वर की खोज
अज्ञात की ओर
धर्म और आनंद
जीवन-दर्शन
जीवन की खोज
क्या ईश्वर मर गया है
नये मनुष्य का धर्म
धर्म की यात्रा
स्वयं की सत्ता
सुख और शांति
अनंत की पुकार

ओशो के ऑडियो-वीडियो प्रवचन एवं साहित्य के संबंध में समस्त जानकारी हेतु संपर्क सूत्र :

साधना फाउंडेशन

17 कोरेगांव पार्क, पुणे 411001

फोन: 020-6136655 फैक्स: 020-6139955

E-mail: distrib@osho.net Website: www.osho.com

ओशो की बहुचर्चित अंग्रेजी की सूफी प्रवचनमाला
"जस्ट लाइक दैट" प्रथम बार हिन्दी में प्रस्तुत

सद्गुरु समर्पण

यह सभी प्रवचन अपने-आप में एक काव्य और उपनिषद् हैं इसीलिये पहिली बार यह प्रवचनमाला एक गद्यकाव्य अयषा अतुकान्त कविता की शैली में प्रस्तुत की जा रही है।

यह अमूल्य ग्रंथ सिखाता है—

- शिष्य होने की कला
- सद्गुरु के प्रति श्रद्धा और बेशर्त समर्पण कैसे घटे? इसका राज
- सद्गुरु के जलते दीये की ज्योति, इसका राज शिष्य के बुझे दीये में कैसे छलांगे भरती हैं— इसका रहस्य

लगभग 450 पृष्ठों की पुस्तक, डिमाई साइज, उत्तम कागज व सुंदर छपाई मूल्य मात्र रु—100

हिन्दी भाषी ध्यान प्रेमियों की अनुपम उपहार

- साधक ध्यान में कहां और क्यों चूक रहे हैं?
- ध्यान कैसे घटे?
- कैसे हो रूपान्तरण?

इसके अतिरिक्त भी ध्यान के संबंध में बोध देते ओशो के अंग्रेजी में ध्यान पर दिये विभिन्न प्रवचनों का बहुमूल्य संग्रह : "व्हाइट इज मेडीटेशन" का हिन्दी अनुवाद

ध्यान क्या है? (30/-)

डायमंड पॉकेट बुक्स (प्रा०) लि०

X-30, ओखला इंडस्ट्रियल एरिया, फेज़-2, नयी दिल्ली-110020

फोन : 6841033, 6822803, 6822804 फैक्स : 011-6925020